母への手紙

上巻

おわん太郎
OWAN Taro

文芸社

はじめに

私の母は、お見合い結婚をし、東京の父の元へと、嫁いできた。

父は、小さなスーパーマーケットを経営していた。

当時、女性従業員が2名、住み込みの従業員が女性・男性合わせて3名いた。

母は、お店の毎日の売り上げ管理、会計と、帳簿、経理の仕事を担当し、接客、レジ担当、商品の出し入れ、時には配達まで、笑顔でこなしていた。その他、炊事・洗濯・掃除の家庭の仕事をこなし、朝早くから夜遅くまで働いていた。

また、母は書道の有段者で、のし袋や大切な時節に、お客さんに頼まれ、字を書くことが多々あった。それに、着物の着付けも、喜んで、無料で、やってあげていた。


忙しい毎日の母は、旅行が唯一の楽しみで、よく、テレビの旅行番組を見ていた。

それに、年2~3回、父と伊豆を旅行することが好きだった。

伊豆・稲取の温泉、湯河原の温泉が、特に、母のお気に入りだった。

それ故、私は、母が介護施設に入所してから、母に絵はがき、手紙を書くようになった。


私が、東京から、または旅先から、母に絵はがきや手紙を送った後、母親の施設へ行くと、

「お母さん、とてもよろこんでいましたよ！」

「お母さん、ニコニコの笑顔でしたよ！」

「お母さん、とてもうれしそうな顔をしていましたよ！」

と、看護師さん介護さんも、ニコニコして、私に話してくれた。

私は『母に読んでくれて、本当にありがとうございます！』と、毎回お礼を言い、深々と頭を下げた。


それ以来、私は母に、絵はがきと手紙を書き続けることにした。

なぜなら、母の喜ぶ顔が、見たいから…。

介護施設にいる母へ送った手紙

平成22年4月12日　東京より

お母さんへ

今日、お母さんに笑顔で昼食を食べてもらい、うれしかったです。お母さんは、いつも、完食です！

その後、僕は東京に帰ってきました。すぐに、部屋の掃除をしました。そして、郵便物を整理しました。

今、夕食を終えたところです。

お母さんは、元気ですか？　水分補給を忘れずに！　それに左手を動かしてくださいね。

さて、僕は明日から、3日間、北海道を旅行します。〝北海道、道東《どうとう》と知床半島周遊《しれとこはんとうしゅうゆう》の旅〟です。

朝9時に羽田空港を出発し、北海道の新千歳空港に10時30分到着予定です。

北海道の大自然と、たくさんの動物に出会えたらいいなぁ～、と思っています。

訪れる予定地は、知床半島国立公園《しれとこはんとうこくりつこうえん》、オシンコシンの滝《たき》、カムイワッカの滝《たき》、斜里町《しゃりまち》、そしてオホーツク海を望む町ウトロ、原生花園《げんせいかえん》のお花畑、中標津《なかしべつ》、野付半島《のつけはんとう》のドドワラ、根室半島《ねむろはんとう》、納《の》沙布岬《さっぷみさき》、釧路湿原《くしろしつげん》国立公園、厚岸《あっけし》の町、鶴居村《つるいむら》で国の天然記念物の丹頂鶴《たんちょうづる》、霧多布岬《きりたっぷみさき》、摩周湖《ましゅうこ》、阿寒湖《あかんこ》、屈斜路湖《くっしゃろこ》をまわり、アイヌ民族《みんぞく》舞踊《ぶよう》を楽しみます。そして北海道の動物、キタキツネ、エゾリス、エゾシカにも会えたらいいですね。

また、芝桜《しばざくら》を始め、たくさんの美しい花々と再会できたら、うれしく思います。

それに今回の北海道旅行、１泊目は〝釧路《くしろ》プリンスホテル〟に泊まります。そして2泊目は、知床《しれとこ》花ホテルに泊まる予定です。おいしいものを心ゆくまで味わいます。

また、お母さんには、お土産《みやげ》をいっぱい買ってきます！！！

それに、北海道から毎日、手紙を出します。楽しみに待っていてくださいね！

けんじ

お母さんへ

平成22年5月7日　東京より

今日、お母さんに笑顔で昼食を食べてもらい、うれしかったです。お母さんは、いつも、完食です！

その後、僕は新幹線に乗り、東京に帰ってきました。

東京駅は、たくさんの人で、身動きができないほど、混雑していました。ゴールデンウイークの最終と週末の金曜日が重なったからかもしれませんね。

お母さんは、元気ですか？

水分補給を忘れずに！　それに左手を動かしてくださいね。

僕は今、夕食を終えたところです。そして、あさってからの〝南の島・八重山諸島《やえやましょとう》、じっくり周遊の旅〟に夢をめぐらせています。

石垣島《いしがきじま》、西表島《いりおもてじま》、由布島《ゆぶじま》、竹富島《たけとみじま》、小浜島《こはまじま》を、ぐるっと観光します。

石垣島《いしがきじま》では、美しい海を心ゆくまで満喫します。

西表島《いりおもてじま》では、マングローブの森をジャングル体験します。

また、西表島《いりおもてじま》から由布島《ゆぶじま》までは、水牛車《すいぎゅうしゃ》で海をわたります。

竹富島《たけとみじま》では、古き町を、ゆっくり見て回ります。そして〝星砂《ほしすな》の浜《はま》〟を訪れます。砂浜《すなはま》の砂《すな》が、

1つ、1つ、星の形をしています。

そして小浜島では、サトウキビ畑の広がるのどかな景色、そして、コバルトブルーの海に囲まれた楽園の島を、ゆっくりと、めぐります。

お母さんには、お土産《みやげ》をいっぱい買ってきますからね！！！

楽しみに待っていてください！

東京から沖縄まで、飛行機で、1600キロ、そこからさらに南へ500キロ、すなわち、東京から八重山諸島《やえやましょとう》まで、飛行機で、2100キロ、離れています。

これから、南の島へ、星の砂へ、会いに行ってきます！！！

けんじ

追伸：石垣島から、手紙とパンフレットを送ります。待っていてくださいね！

平成22年6月5日　東京より

お母さんへ

今日、お母さんに笑顔で昼食を食べてもらい、うれしかったです。お母さんは、いつも、完食です！

その後、僕は新幹線で、東京に帰ってきました。

すぐに、部屋とベランダを掃除しました。汗びっしょりになり、シャワーを浴び、洗濯をしました。

お母さんは、元気ですか？　ご飯をしっかり食べ、お茶も飲んでくださいね！　それに左手を動かしてくださいね。

僕は今、夕食を終えたところです。そして、明日からの山陰《さんいん》・山陽《さんよう》の旅に夢をめぐらせています。〝世界遺産《せかいいさん》、安芸《あき》の宮島《みやじま》・厳島神社《いつくしまじんじゃ》〟をはじめ、萩《はぎ》の町、津和野《つわの》の町、錦帯橋《きんたいきょう》、青海島《おうみしま》、そして、関門海峡《かんもんかいきょう》、下関《しものせき》を観光してきます。

昼ごろの飛行機で羽田空港を出発し、飛行機内で昼食し（空弁《そらべん》を食べる予定）、広島に午後1時ごろ、到着予定です。そして、〝世界遺産《せかいいさん》、安芸《あき》の宮島《みやじま》・厳島神社《いつくしまじんじゃ》〟を訪れ、ロープウェイで、瀬戸内海に浮かぶ世界遺産を空中から見てきます。とても楽しみです!!

そして、山陰《さんいん》、山陽《さんよう》の、美しいもの、おいしいものを4日間、心ゆくまで味わいます。

また、お母さんには、お土産《みやげ》をいっぱい買ってきますからね！！！
楽しみに待っていてくださいね。

けんじ

追伸：山陰山陽4日間の旅、お母さん、毎日手紙を書きますからね。お母さんも僕と一緒に旅をしますよ！
それに、お母さんは、僕の太陽ですよ！　いつも明るく、やさしく、あたたかく、見守ってくださいね。

平成22年7月2日　東京より

お母さんへ

今日、お母さんに笑顔で昼食を食べてもらい、うれしかったです。お母さんは、いつも、完食です！

その後、僕は新幹線に乗り、東京に帰ってきました。

東京駅は、たくさんの人で、混雑していました。きっと、週末の始まる金曜日だからかもしれませんね。

お母さんは、元気ですか？　水分補給を忘れずに！　それに左手を動かしてくださいね。

僕は今、夕食を終えたところです。


明日の予定は、布団を干したり、大掃除をしたり…。頑張らなくっちゃ！

あさって7月4日の日曜日は、〝初夏の箱根《はこね》ゴールデン周遊〟の旅に参加します。

朝、7時50分に観光バスで新宿を出発し箱根登山鉄道《とざんてつどう》や芦ノ湖《あしのこ》遊覧船《ゆうらんせん》に乗ります。

この〝初夏の箱根周遊の旅〟は、とても人気があり、僕が申し込んだ時、すでに120名のツアー参加者で、満員御礼とのことでした。

朝、7時50分に観光バスで新宿を出発し、9時半ごろに箱根湯本駅《はこねゆもとえき》へ。そこから箱根登山鉄道《はこねとざんてつどう》で、紫陽花《あじさい》の咲く美しい景色《けしき》を眺《なが》めながら、強羅駅《ごうらえき》へ。そこからケーブルカーで早雲山《そううんざん》へ。少し散策《さんさく》した後、早雲山《そううんざん》からロープウェイで、山を幾《いく》つも越《こ》え、大涌谷《おおわくだに》まで空中散歩《くうちゅうさんぽ》を楽しみます。今からその景色が待ちどおしいです！　大涌谷《おおわくだに》で、少し散策し、有名な温泉卵《おんせんたまご》を食べます。1つ食べると、7年、寿命《じゅみょう》が延《の》びる、と言われています。僕は2つか、3つ食べるつもりです。いっぱい長生きしたいです！　温泉卵が持ち帰りできるのなら、5～6個、お母さんに持っていきます。期待して待っていてくださいね。


お昼は、プリンスホテルで、豪華なバイキングを味わいます。

その後、桃源台《とうげんだい》から元箱根《もとはこね》まで、芦ノ湖《あしのこ》を遊覧船《ゆうらんせん》で、ゆっくり周遊します。

そして、箱根神社《はこねじんじゃ》で参拝《さんぱい》します。

帰りは、蒲鉾《かまぼこ》で有名な、小田原の鈴廣《すずひろ》で、工場見学をします。そして、蒲鉾《かまぼこ》のできるまでを、見てきます。お母さんには、おいしい蒲鉾のお土産を買ってきますからね！　楽しみに待っていてくださいね！

けんじ

平成22年７月４日

お母さんへ

今日は快晴！　空は青く、本当に良いお天気です。これから〝初夏の箱根ゴールデン周遊の旅〟に行ってきます！　ところで、お母さんは、元気ですか？

今日７月４日の日曜日、朝、７時50分に大型観光バスで新宿を出発しました。

この〝初夏の箱根《はこね》ゴールデン周遊の旅〟は、とても人気があり、大型観光バス３台、多くのツアー参加者でいっぱいです。

朝７時50分に新宿を出発し、９時30分に箱根湯本駅《はこねゆもとえき》へ到着しました。駅前は明るく爽《さわ》やか、お土産店《みやげてん》では温泉饅頭《おんせんまんじゅう》、地《じ》ビールに箱根名物《はこねめいぶつ》がいっぱい、多くの観光客で賑《にぎ》わっていました。そこから箱根登山鉄道《はこねとざんてつどう》で、紫陽花《あじさい》の咲く美しい景色《けしき》を眺《なが》めながら、強羅駅《ごうらえき》へ行きました。紫陽花《あじさい》が本当にきれいでした！　そこからケーブルカーで早雲山《そううんざん》へ。少し散策《さんさく》した後、早雲山《そううんざん》からロープウェイで、山を幾《いく》つも越《こ》え、大涌谷《おおわくだに》へと空中散歩《くうちゅうさんぽ》を楽しみました。とても雄大で、素晴らしい空中散歩でした！

そして大涌谷《おおわくだに》で、少し散策し、有名な温泉卵《おんせんたまご》を食べました。１つ食べると、７年、寿命《じゅみょう》が延《の》びる、と言われています。僕は３つ食べました（２００歳まで生きたいです！）。

お昼は、プリンスホテルで、豪華《ごうか》なバイキングを味わいました。とてもおいしかったです！

その後、桃源台《とうげんだい》から元箱根《もとはこね》まで、芦ノ湖《あしのこ》を遊覧船《ゆうらんせん》で、周遊しました。ゆったり、のんびり、船から箱根の自然美を堪能《たんのう》しました。そして箱根神社《はこねじんじゃ》で、〝お母さんが元気で長生きできますように！〟と、いっぱいお祈りしてきました。

その後、蒲鉾《かまぼこ》で有名な小田原の鈴廣《すずひろ》で、工場見学をし、蒲鉾《かまぼこ》のできるまでを、見てきました。お母さんには、皇室献上《こうしつけんじょう》の蒲鉾《かまぼこ》をお土産《みやげ》として買いました！　明日持っていきます。楽しみに待っていてくださいね！

今、新宿に帰ってきました。とても素晴らしい箱根周遊の旅でした！　景色が最高でした。

新宿駅西口、ヨドバシカメラの近くにある新宿中央郵便局より。

けんじ

平成22年8月18日　東京より

お母さんへ

今日、お母さんに笑顔で昼食を食べてもらい、うれしかったです。お母さんは、いつも、完食です！

その後、僕は新幹線で、東京に帰ってきました。すぐに、掃除をしました。そして郵便物の整理をしました。お母さんは、元気ですか？

僕は今、夕食を終え、モーツァルトのクラリネット・コンチェルトを聴きながら、フランスのボルドーワインを味わっているところです。そして、明日からの事を考えています。

明日、19日（木）の予定は、朝食後、父親の介護施設へ行き、いつものように、顔と手と足を入念に拭きます。目や耳の穴も、そして、ひげ剃りもします。そして話す練習をします（10時のお茶と3時のおやつのときは、大好きなお饅頭《まんじゅう》を持っていきます）。

この日、19日（木）は施設長の田中先生に呼ばれているので、じっくりお話しするつもりです。その後、看護師さん、介護スタッフさん、言語リハビリの責任者の人と話します。

良い一日になることを、祈っています！

8月20日（金）は、朝食後、父親の施設へ行き、身の回りの世話をします。その後、区役所で健康保険関係の手続きをします。そして、大好きな浅草へ行き、散策してきます。

帰りは、銀座・日本橋の百貨店で、お母さんのブラウスを探します。良いのが見つかったら、買ってきます。楽しみに待っていてくださいね。

8月21日（土）は、富士山周遊の旅に行きます。富士スバルラインを通り、富士山5合目へと、山岳ドライブを楽しみます。きっと、景色がいいだろうなぁ〜。今から楽しみです！

8月22日（日）は、朝食後、父親の施設へ行きます。そして、いつも同様、顔と手と足を入念に拭きます。目や耳の穴も、そして、ひげ剃りもします。そして話す練習をします。

8月23日（月）は、朝食後、父親の施設へ行き、身の回りの世話をします。10時のお茶と3時のおやつのときは、〝海老せんべい〟と〝水ようかん〟を持っていきます。

夕食は、いつものお寿司《すし》屋さんで、お寿司《すし》を食べます。お母さんも、このお店でお寿司を食べたことを覚えていますか？　御茶ノ水駅《おちゃのみずえき》近くの大きな病院の眼科《がんか》で白内障の検査をした帰りに、ここでレディースランチを食べました。また、日本橋の百貨店で買い物をした後、ここで〝特選・旬《しゅん》のうまいもの御膳《ごぜん》〟を、何回か食べました。お母さんは「おいしい、おいしい！」と言い、ニコニコ顔でした。それに、8階のレストランからの景色も良かったですね。お母さん、お土産《みやげ》をいっぱい買ってきますからね。待っていてくださいね。

けんじ

平成22年8月21日

お母さんへ

今日は快晴！　空は青く、本当に良いお天気です！

これから〝富士山の旅〟に行ってきます！

ところで、お母さんは、元気ですか？　水分補給を忘れないでくださいね！　それに左手を動かしてくださいね（リハビリも、忘れずにお願いします！）。


バスは朝7時に新宿を出発し、首都高速を通り、中央自動車道で山梨県の大月市を通り、河口湖インターチェンジで、高速道路を降りました。

すぐに、富士スバルラインを通り、富士山5合目へと上がりました。今日は本当に良いお天気、景色は最高！　富士山もうれしそうな表情をしています。今日は真夏の8月21日、東京はうだるように暑かったですが、ここ富士山5合目はひんやりと涼しいです。お土産店の中では、ストーブをたいています。早速、富士山神社で、〝お母さんが健康で、長生きできますように！〟と、いっぱいお祈りしてきました。富士山神社で〝長寿のお守り〟を買いました。お母さん、楽しみに待っていてくださいね！

その後、富士スバルラインを下り、山中湖、花の都公園に行きました。とても大きな庭園で、たくさんの花がとてもきれいでした。

お昼なので、山中湖温泉〝紅富士の湯〟で、特選料理を味わい、そして富士山を眺めながら温泉に入りました。富士山は美しく、料理は最高においしかったです！（同封のパンフレットを見てくださいね）

その後、〝忍野八海《おしのはっかい》〟で富士山の湧き水と自然美を心ゆくまで体感してきました。富士山が本当にきれいでした！

それから、〝鳴沢氷穴《なるさわひょうけつ》〟へ行き、地下水がつくる天然のつらら、氷柱を見てきました。氷穴は、まさに氷《こおり》の穴《あな》なので、神秘的で寒かったです。

それから富士五湖をぐるりと周遊しました。どの湖からも富士山がきれいに見えました。

そして、〝富士御坂《みさか》道路を通り、山梨県一宮市《いちのみやし》にあるワイナリーを見学しました。試飲《しいん》もしました。おいしかったので自分用に2本買いました。

帰りは、一宮《いちのみや》インターチェンジから中央高速道路に乗り、東京へと戻ってきました。

今日一日、富士山が本当にきれいでした！　それにお昼の料理がおいしかったです！

お母さんには、富士山神社の〝長寿のお守り〟、富士山の絵はがき、富士山のマスコット、お土産がいっぱい！　楽しみに待っていてくださいね！

けんじ

新宿中央郵便局にて。

お母さんへ

平成22年9月23日　東京より

今日、お母さんに笑顔で昼食を食べてもらい、うれしかったです。お母さんは、いつも、完食です！

その後、僕は駅へ。そして新幹線のホームへ上がって行くと、ちょうど新幹線が入ってきました。その新幹線に乗って、東京駅に13時44分、到着しました。

すぐに乗り換えて、14時55分に父親の施設に到着しました。東京駅構内がとても混んでいたので、乗り換えに時間がかかりました。

〝3時のおやつ〟には、大好きなお饅頭を持っていきました。とても喜んでくれました。そして、いつものように、顔と手と足を入念に拭きました、鼻や目や耳も、ひげ剃りもしました。また、話す練習もしました。とても良かったです！

夕方5時過ぎに、家に帰ってきました。そして大掃除をしました。それに役所関係の郵便物がお母さん、お父さん、僕の3人分、来ていました。

お母さんは、元気ですか？

新幹線に乗ると、いつも、思い出します！　お母さんと、去年の3月、施設に面接に来た時のことを……。お母さんは覚えていますか？　寒い寒い3月12日、家からタクシーで駅へ行き、駅員さんが車椅子でお母さんをホームまで介助してくれました。その後も東京駅で、特別待合室に案内され、暖房のきいた特別室で、係の人と、新幹線の出発時間までゆったりと時間を過ごしました。そして新幹線に乗り、美しい景色を見ながら、日光の名物弁当を食べました。とてもおいしかったですね！

駅に着き、駅員さんがお母さんを車椅子に乗せ、出入り口まで連れて来てくれました。

施設で面接を受け、お母さんは、答えていました。笑顔で答えていました！

面接を終え、事務部長の田村さんが、「帰りの新幹線まで時間があるので、リハビリをされてはいかがですか？」とのこと。お母さんは、リハビリ室に入ると、満面の笑みでした。

白石さんが来てくれて、足がむくんでいるので、むくみを取るリハビリをします、と言い、両脚を対処してくれました。お母さんは、「気持ち良い！」とニコニコでした。次に温熱パッドのリハビリをしました。お母さんは「気持ち良い、すごく良い！」と、最高の笑顔でした！　そして新幹線に乗り、東京へ帰ってきました。お母さんは、夕食のときも、ニコニコ顔でした。それから1ヵ月後の4月、入所許可証が送られてきました。そして、去年の4月26日、新幹線に乗って、施設に来ました。お母さんは覚えていますか？

さて、僕は今、夕食を終え、モーツァルトのクラリネット・コンチェルトを聴きながら、フランスのボルドーワインを味わっているところです。

お母さん！　また書きますからね！

けんじ

平成22年9月24日　東京より　ホテル・リステル浜名湖へ

お母さんへ

今日、朝8時15分に家を出発し、これから〝遠州三山《えんしゅうさんざん》めぐり〟のバス旅行に参加します。お天気は快晴！　気持ちの良い朝です。バスは、新宿を9時に出発します。それでは、これから行ってきま〜す。


バスは新宿を定刻通り、9時に出発しました。首都高速道路を通り、東名高速道路を進み、静岡県の景勝地《けいしょうち》〝日本平《にほんだいら》〟へと上がり、絶景の富士山を見ました！

富士山は大きく、とてもきれいでした！

お昼は、バスの中で、静岡県の地元〝愛鷹山麓《あしたかさんろく》〟で育った牛肉を使った〝あしたか牛すき焼き弁当〟を食べました。とても良い味で、おいしかったです。

バスは、静岡市《しずおかし》、焼津市《やいづし》、藤枝市《ふじえだし》、掛川市《かけがわし》を通り、袋井市《ふくろいし》で、東名高速道路を降りました。

そして、法多山《はったさん》、尊永寺《そんえいじ》へ行き、お母さんの厄除《やくよ》けを、いっぱいお祈りしてきました！

このお寺は、厄除けで有名なお寺です。お母さんの部屋の、引き出しに、去年お祈りして買ってきた〝法多山のお守り〟が入っています。

たくさんお祈りして、バスに乗り、浜松市へ行きました。市の郊外に〝うなぎパイ〟の製造工場があり、工場見学と試食をしました。工場はとても清潔！　きれいで、うなぎパイはおいしかったです。お土産に、うなぎパイを3枚もらいました。

その後、浜松より東名高速道路に乗り、20キロ、浜名湖のほとりにある三ケ日《みっかび》温泉、ホテル・リステル浜名湖に午後4時30分に着きました。大きな船のような、立派なホテルで、僕の部屋は、湖畔に面し、和室・居間・洋室の3部屋に、バルコニーがついています。部屋にお風呂がついていますが、三ケ日温泉〝湖を望む温泉露天風呂〟に、ゆっくり、のんびりと、入ってきました。景色がよく、気分は最高です！

そして、6時より豪華なバイキング〝浜名湖のうなぎ〟〝三ケ日牛のステーキ〟をはじめ、エビやカニ、海や山の幸が盛りだくさん！　いっぱい食べてきました！　全部おいしかったです！

ア～、お腹いっぱいです。


今、部屋のソファーで、フランスのブランデー、ヘネシーを味わいながら、浜名湖を眺めています。夕焼けがとてもきれいですよ！

お母さんは、元気ですか？　お土産、いっぱい買ってきますからね！

けんじ

平成22年9月25日　ホテル・リステル浜名湖

お母さんへ

朝5時に目が覚めました。今日も青空！　本当に良いお天気です。

すぐに、湖に面した温泉露天風呂へ行き、のんびり、ゆったり……6時半まで温泉と景色を楽しみました。また、漁をする船が、あちらこちらに……何をとっているのかなぁ？

朝食は7時から、和食と洋食のバイキングでした。新鮮なお刺身や、牛ステーキもあり、お腹いっぱい食べました。朝から大満足です！

今日の予定は、8時30分にホテル・リステル浜名湖を出発します。そして東名高速道路に乗り、袋井《ふくろい》インターで降り、目の霊山《れいざん》で有名な〝油山寺《ゆざんじ》〟へ行きます。次に、無病息災《むびょうそくさい》で有名な〝可睡斎《かすいさい》〟へ行きます。

どちらのお寺でも、〝お母さんが、元気で長生きできますように！〟と、たくさんお祈りしてきますからね！

お昼は、袋井市内の海鮮レストランで、イクラ・エビ・カニ・マグロなど、9種類のお刺身定食を味わいます。あ～、おいしそうだなぁ～！　今から楽しみです！

その後、〝わさび漬け〟で有名な田丸屋さんへ行き、工場見学と試食をします。

午後2時ごろ、駿府宿《すんぷじゅく》へ行き、〝静岡おでん〟と〝安倍川《あべかわ》もち〟のデザートをいただく予定です。また、静岡茶の工場見学をして、ひき茶、100グラムを缶に入れてプレゼント、とのことです。それから、静岡のぶどうを1キロ、お土産にくれるとのこと。今から楽しみです！

そして、東名高速道路に乗って、新宿駅に午後6時、家に6時30分、到着予定です。


＝＝＝＝＝＝＝＝＝＝＝＝＝＝＝＝＝＝＝＝＝＝＝＝

今、朝の8時20分、朝食を終え、急いで書いています！

これからプリント・アウトしてもらって、バスに乗ります。8時30分の出発に間に合いますように！

それでは、これから〝遠州三山《えんしゅうさんざん》めぐり〟の2日目、行ってきま〜す！

今日もお母さんの健康を、たくさんお祈りしてきますからね！

それに、お土産いっぱい、楽しみに待っていてくださいね！

けんじ
お母さんは、元気ですか？　水分補給を忘れずに！　それに左手を動かしてくださいね。

北九州、山口県、島根県、広島県そして瀬戸内海の島を観光する旅　第1日目
平成22年9月26日　北九州八幡《やわた》ロイヤルホテルにて

お母さんへ

今日から3日間、〝世界遺産《せかいいさん》、安芸《あき》の宮島《みやじま》・厳島神社《いつくしまじんじゃ》〟をはじめ、萩《はぎ》の町、津和野《つわの》の町、松陰神社《しょういんじんじゃ》、秋吉台《あきよしだい》、角島《つのしま》、下関《しものせき》、関門海峡《かんもんかいきょう》、門司港《もじこう》、北九州市、山口県、島根県、広島県、そして、瀬戸内海の島々を観光する旅に来ています。

今日は旅行の第1日目、午前中の飛行機で羽田空港を出発し、広島空港へと空の旅。富士山がとてもきれいでした。それに、南アルプスも中央アルプスもきれいでした。また、スチュワーデスさんに、「絵はがきがあったら、施設の母に1枚、お願いします」と言ったら、飛行機の絵はがきを2枚くれました。そして「お母様によろしくお伝えください」と、笑顔もくれました。

広島空港に到着後、すぐに、〝安芸《あき》の宮島《みやじま》〟を訪れ、約2時間、世界遺産の厳島《いつくしま》神社と宮島を散策してきました。また、高台に上がり、宮島と瀬戸内海の絶景を、心ゆくまで満喫しました。本当に素晴らしかったです！　今日もたくさんの観光客でいっぱいでした。

そうそう、お昼はレストランで、地元の食材を使った、生ガキ、焼きガキ、アナゴ丼定食を食べました。どれもみんなおいしかったです！　同封の料理写真を見てくださいね。

その後、フェリーで、宮島口《みやじまぐち》へ戻《もど》り、バスに乗って山口県の〝火《ひ》の山《やま》公園〟を訪れました。この公園は、関門海峡《かんもんかいきょう》（本州の山口県下関《しものせき》と北九州の門司港《もじこう》）が一望できる山頂公園で、景色がとても素晴らしかったです!!

その後、関門海峡大橋を渡り、北九州の門司港へ行き、港町を散策しました。門司の町は、〝カレー〟で町おこしの町なので、カレーのいい香りが、あちらこちらからしていました。僕のお腹は、何回も〝グ～〟と、鳴きました。

午後5時40分、〝北九州八幡《やわた》ロイヤルホテル〟に到着しました。とても大きく立派なホテルで、きれいです。パンフレットを見てくださいね。すぐに、温泉大浴場へ行き、のんびり、ゆったり、してきました。とてもいい温泉でした！

そして、夕食は〝豪華な海鮮会席料理！〟でした。心ゆくまで味わいました。どの料理も、見るからにきれいで、おいしかったです！　同封の料理写真を見てくださいね。

今、部屋のソファーで、フランスのボルドーワインを味わいながら、素晴らしい景色を楽しんでいます。お母さんは、元気ですか？　食事もリハビリもしっかり、お願いしますね。

今日、厳島《いつくしま》神社で、お母さんの健康を、たくさんお祈りしてきましたよ！

けんじ

北九州、山口県、島根県、広島県そして瀬戸内海の島を観光する旅　第2日目
平成22年9月27日　北九州八幡《やわた》ロイヤルホテルにて

お母さんへ

朝5時に目が覚めました。すぐに温泉大浴場へ行き、ゆったり、のんびり、温泉に入ってきました。朝の温泉は格別！　とても良かったです！

朝食は6時30分から、豪華バイキングです！　いっぱい食べました、おいしかったです。ロイヤルホテルの食事は、本当に素晴らしいです！　見るからに、きれいで、おいしいんです。ところで、お母さんは、元気ですか？　水分補給と食事とリハビリをお願いします。

朝食後、少しゆっくりして、7時40分に北九州ロイヤルホテルを出発しました。北九州から、バスで関門海峡《かんもんかいきょう》大橋を渡り、山口県下関に渡り、そこから、山口県の北西端の島、日本海に浮かぶ北長門海岸国定公園の〝角島《つのしま》〟へ向かいました。

角島は、とてもきれいで、エメラルド・グリーンの海が本当に素晴らしかったですよ！

次に秋芳洞《しゅうほうどう》へ行きましたが、7月の2度にわたる大雨で、鍾乳洞は冠水《かんすい》！　今も入場禁止になっています。そして、秋吉台へ上がり、自然の造形美と不思議さを、心ゆくまで感じてきました。

次に、山口県で一番有名な松陰《しょういん》神社（吉田松陰ゆかりの地）を訪れました。そして萩《はぎ》市内を

散策し、萩武家屋敷《はぎぶけやしき》も散策しました。〝夏みかん〟があちこちに、そして、民家の玄関先でも、売られていました。1つ、50円、大きくおいしそうなので2つ買いました。近くの公園で食べてみると、びっくり！〝すごくおいしい!!〟です。買って良かった、本当においしかったです！

萩市内をさらに散策し、萩焼きの工房を訪れたり、歴史散策をしたり…。とても楽しかったです。

そして、午後5時20分〝萩グランドホテル天空〟に到着しました。このホテルは、今年の6月に山陰・山陽の旅をしたときに泊まったホテルです。女将さんの派手な赤い着物に、長い棒を背負い、左右に、等身大の人形と共に踊る、楽しい芸が忘れられません。また、女将さん、歌もお上手です。僕の部屋は、庭園に面し、静かで、優しい雰囲気がただよっています。部屋は大きな和室で、ゆったり……。とても良い部屋です。夕食は、山口県のふぐ会席料理。前菜からデザートまで、全13品！　素晴らしいフルコースでした。全部、おいしかったです！

今、夕食を終え、部屋でフランスのワインを味わっているところです。今日一日、本当に良い日でした。それに、松陰神社で、お母さんの健康を、いっぱいお祈りしてきました！　お母さんの健康が、一番大切ですからね！

けんじ

北九州、山口県、島根県、広島県そして瀬戸内海の島を観光する旅　第3日目
平成22年9月28日　山口県の萩《はぎ》グランドホテル天空《てんくう》にて

お母さんへ

朝4時半に目が覚めました。すぐに温泉大浴場へ行き、ゆったり、のんびり、温泉に入ってきました。朝の温泉は、本当にいいですね！　生きていて、良かった！　と感じます。

朝食は6時30分から和食・洋食・中国料理の豪華バイキング！　いろいろ、たくさん食べました。どれも、見るからにきれいで、おいしかったです！　朝からお腹いっぱい食べました、大満足です！　ところで、お母さんは、元気ですか？

僕は7時40分に萩《はぎ》グランドホテル天空《てんくう》を出発し、山口県から島根県へと、快適なバスの旅をしました。小さな町や村、そして畑や田んぼを通り、山の中へと進みました。とても景色が良かったですよ。そして9時に山陰《さんいん》の小京都《しょうきょうと》と呼ばれている〝津和野《つわの》〟の町に到着しました。この町は山に囲まれた城下町で、当時の面影をきれいに残しています。また、森鴎外《もりおうがい》の生まれた町としても有名です。すぐに森鴎外記念館を訪れ、じっくり見学してきました。それから、和紙工房を訪れたり、日本酒をつくっている造り酒屋を見学したり、とても楽しかったです。お母さんに、和紙の人形と折り紙を買いました。

10時に津和野を出発し、山道を南へ進み、六日市から〝中国自動車道〟に乗り、さらに広島自動車道と山陽自動車道を乗り継ぎ、瀬戸内海に面した〝尾道市《おのみち》〟に、お昼に到着しました。高速

道路からの景色は、とてものどかで良かったですよ（ところで、３ヶ月前の6月に山陰・山陽の旅をして大満足！　そして今回は瀬戸内海の周遊もします）。

広島県尾道市《おのみち》より、四国の愛媛県《えひめ》今治市《いまばり》を結ぶ〝しまなみ海道《かいどう》めぐり〟、島を結ぶ空中散策《さんさく》の橋、大きな島、小さな島、そして、それぞれの島を訪れました。とてものどかで、島の景色、島の生活が良かったですよ！　パンフレットを見てくださいね！　本当に素晴らしい発見でした。とにかく、景色が素晴らしかった！　の一言です！

四国の愛媛県《えひめ》、今治《いまばり》に到着し、少し休憩しました。そして今度は、今治《いまばり》より広島県尾道市《おのみち》へ瀬戸内海クルージングです！　ゆったり、のんびり、本当に素晴らしい船からの景色でした。

そうそう、お昼は、鱧《はも》御膳の会席料理を味わいました。海の幸の宝物のような、素晴らしい料理でした。とてもおいしかったです。旅行をする前から楽しみにしていた料理です！

そして今、広島空港に戻ってきました。これから空港のレストランで夕食をして、飛行機に乗ります。

しまなみ海道で訪れた島々で、お母さんの健康を、たくさんお祈りしましたよ！　けんじ

平成22年10月16日　東京より

お母さんへ

今日、お母さんに笑顔で昼食を食べてもらい、うれしかったです。お母さんは、いつも、完食です！

その後、僕は新幹線に乗り、東京に帰ってきました。

東京駅は、たくさんの人で、混雑していました。きっと、週末の始まる土曜日だからかもしれませんね。すぐに父親の介護施設へ行きました。

〝3時のおやつ〟には、大好きなお饅頭を持っていきました。父は美味しい、美味しい！　と言い、とても喜んでくれました。お母さん、心配しないでくださいね。田中先生の許可を得ていますから。そして、いつものように、顔と手と足を入念に拭きました、鼻や目や耳も、そして、ひげ剃りもしました。また、話す練習もしました。とても良かったです！

夕方5時過ぎに、家に帰ってきました。そして掃除をしました。

お母さんは、元気ですか？　しっかり食事をして、水分補給も、お願いしますね！

僕は今、夕食を終え、モーツァルトのクラリネット・コンチェルトを聴きながら、フランスのボルドーワインを味わっているところです。そして、明日からの事を考えています。

明日、17日（日）の予定は、朝食後、父親の介護施設へ行きます。この日、17日は施設長の田中先生に呼ばれているので…。その後、看護師さん、介護スタッフさん、言語リハビリの責任者の人と話します。

10時のお茶と3時のおやつに、大好きなお饅頭とようかんを持っていきます。きっと、お父さん、喜ぶだろうなぁ～。そして、いつものように、顔と手と足を入念に拭きます。目や耳の穴も、ひげ剃りもします。そして話す練習もします。良い一日になることを、祈っています！

そして、18日（月）から、4日間、秋の北海道を旅行します。〝北海道、パノラマ・リゾートの旅〟です。大きな北海道を、空から、海から、そして大地をぐる～っと周遊してきます。そして、北海道の秋に触れてきます。

北海道中央の、旭岳ロープウェイに乗り、山の紅葉を、空中遊覧してきます。

海からは、紺碧《こんぺき》の積丹《しゃこたん》半島をぐるりと周遊します。そして、富良野《ふらの》から美瑛《びえい》まで、田園列車に乗り、雄大な景色を味わいます。

また、花の町〝富良野〟で、たくさんの美しい花々と再会できたら、うれしく思います。一泊目のホテルは、北海道の中央やや下の〝アルファリゾート・トマムのザ・タワー〟です。超高層ホテルで、景色が今から楽しみです。二泊目のホテルは、札幌全日空ホテルです。三泊目のホテルは、ニセコ温泉郷の〝ヒルトンホテル〟です。

景色も食事も、今から楽しみです。それに北海道の動物、キタキツネ、エゾリス、エゾシカにも会えたらいいですね。

お母さんには、おみやげを、いっぱい買ってきます。楽しみに待っていてくださいね！

けんじ

秋の北海道、パノラマ・リゾートの旅　第1日目
平成22年10月18日　アルファリゾート・トマムのザ・タワーにて

お母さんへ

お母さんは、元気ですか？　僕は今、北海道に到着しました！

羽田空港を出発し、飛行機は東京湾を一回、ぐるりと周遊し、房総半島を横切り、太平洋に出ました。高度を少しずつ上げながら、千葉県、茨城県の海岸線上を飛行しました。そして雲の上へ。空は真っ青！　太陽がピカピカです。飛行機は、高度１１０００メートル、時速９２０キロ、ほとんど揺れません。お昼は飛行機の中で〝空弁《そらべん》〟を食べました。また、ビールとコカコーラを飲みました。スチュワーデスの女性が、とても親切で、景色の説明もしてくれました。とても快適な空の旅でした。そして、北海道の新千歳《しんちとせ》空港に到着しました。お天気は快晴、気温は17度、さわやかで、すがすがしいです！

新千歳空港より、夕張《ゆうばり》の竜仙峡《りゅうせんきょう》へ行き、大小無数の滝と奇岩《きがん》の景勝地《けいしょうち》を車窓より楽しみました。また、秋色の大草原や山々を、心ゆくまで満喫しました。

北海道は、大きいですね！　空も大きい！　大地も大きい！　本当に雄大な北海道です！

夕張の竜仙峡を観光してから、十勝《とかち》を通り、トマムのホテルへと周遊してきました。秋色の景色が本当に素晴らしかったです！

ここトマムは、北海道の中央やや下で、山に囲まれた温泉リゾート地です。

午後4時10分、ホテルに到着しました。このホテル〝アルファリゾート・トマムのザ・タワー〟は、地上36階、高さ121メートルの高層ホテルです。それでは、これから温泉に入ってきま～す！

今、温泉から帰ってきました。とても良かったですよ！〝木林の湯〟という温泉で、大きく立派で、きれいです。そして、のんびり、ゆったり、温泉に入ってきました。ホテルのパンフレットを見てくださいね。

さて、これから夕食です。地元の十勝の牛肉と豚肉を使った〝紅葉特選会席料理〟のフルコースを味わいます。それでは行ってきま～す。

今、ホテルのレストランで食べてきました。十勝牛の岩盤プレート焼き、そして十勝ポークの昆布だししゃぶしゃぶ、清流の川魚のお刺身を始め、オードブルも、前菜も、デザートも、みんなおいしかったです！　本当に見るからにきれいで、おいしかったです！

日も暮れ、星が輝く夜空は、神秘的で美しいです！

今、お母さんの健康と長生きを、お星さんにお願いしました！

お母さんは、元気ですか？

けんじ

秋の北海道、パノラマ・リゾートの旅　第2日目
平成22年10月19日　札幌全日空ホテルにて

お母さんへ

朝5時に目が覚めました。まだ暗いですが、さわやかな予感がします。すぐに温泉大浴場へ行き、ゆったり、のんびり、温泉に入ってきました。朝の温泉は、本当にいいですね！

朝食は6時50分から和食・洋食・中国料理の豪華バイキング！

いろいろ、たくさん食べました。どれも、見るからにきれいで、おいしかったです！

朝からお腹いっぱい食べました、大満足です！　ところで、お母さんは、元気ですか？


今日は、朝8時にホテルを出発しました。〝トマム〟より約60キロ、山々や大草原を北上し、北海道の中央に位置する〝花の町、富良野《ふらの》〟十勝岳《とかちだけ》が眼の前に広がる花の町を訪れました。右に左に、紅葉した景色が、とてもきれいでした。

さっそく、〝ファーム富田〟で、色鮮やかな花が咲く人気のフラワーガーデンを訪れました。赤・白・黄色の花々が、一面に咲き誇り、びっくりするほどきれいでした。また同時に、北海道は広いなぁ〜！　と、つくづく感じました。その後、今年オープンしたギャラリーで、地元の風景画を鑑賞しました。どれも、みんな素晴らしかったです。

今日もお天気が良く、太陽が輝き、空は真っ青です！　少し、ギャラリー・お店・お土産店の

周囲を散策しました。のんびり、のどかで、とても良かったですよ。

時間は11時30分、お昼は富良野のレストランで、本場のジンギスカンを味わいました。とてもおいしかったです。羊の肉はやわらかく、地元の野菜もおいしかったです。それに、地元の特産品、玉ネギ・スイカ・メロンを使ったお菓子が、どれも、みんな美味しかった。

お腹いっぱいになり、今度は、中富良野《なかふらの》駅から美瑛《びえい》駅まで〝田園トロッコ列車〟に乗り、北海道の雄大な、秋の景色を、心ゆくまで楽しみました。とてもきれいで良かったですよ！

次に、今日のメインである、大雪山《だいせつざん》・旭岳《あさひだけ》へ行き、旭岳山麓《さんろく》駅からロープウェイに乗り、標高1600メートルの雲上の世界へと空中散策しました。山がきれい、紅葉がきれい！　息を呑むほど、自然の美しさを堪能しました。そして姿見駅のテラスで、景色を一望し、山麓駅に戻ってきました。〝自然は偉大な芸術家〟だと、つくづく感じました。

そして大雪山から約120キロ、札幌のホテルに今、到着しました。大雪山から札幌までの、山の景色も、草原の景色も、みんなきれいでした！

今、お風呂に入り、夕食を終えたところです。〝秋の恵み御膳・特選会席料理〟のフルコースは、色とりどり、どれも芸術作品のようにきれいで、おいしかったです！

今日一日、太陽が輝き、みんなピカピカでした。

お母さんは、元気ですか？　しっかり食事して、水分補給していますか？

今日、旭岳で、お母さんの健康と長生きを、山の神様にお祈りしてきました。

けんじ

秋の北海道、パノラマ・リゾートの旅　第3日目
平成22年10月20日　ニセコ温泉郷のヒルトンホテルにて

お母さんへ

朝5時に目が覚めました。すぐに大浴場へ行き、ゆったり、のんびり、入ってきました。朝のお風呂は格別！　とても良かったです！

朝食は7時から、豪華バイキングです！　いっぱい食べました、おいしかったです。

お母さんは、元気ですか？　しっかり食事しましたか？　水分補給は忘れないでくださいね。

今日は朝食後、札幌市内の名所観光をしました。朝方は少々肌寒かったですが、太陽が輝き、さわやかで暖かい日和《ひより》になりました。大通り公園や旧道庁、時計台などを訪れました。そして、大通り公園のレストランのテラスで、ハーブティーとケーキを味わいました。ジャスミンの香りが、とても良かったですよ！

ところで、お母さんは北海道の札幌市に地下鉄が走っているのを知っていますか？

駅も地下道も大きく広く立派、そしてお店もいっぱいあり、朝から賑わっていました。

11時を過ぎたので、札幌場外市場へ行き、魚や肉をはじめ、たくさんのお店を見てきました。とても楽しかったですよ！　そして、お昼は、〝アワビ・イクラ・サーモン丼〟を食べました。とても贅沢でおいしかったです。写真を見てくださいね。それに、北海あら汁の味噌汁がついています。この味噌汁には、エビやカニがいっぱい入っていて、これも、おいしかったです。

昼食後、札幌を出発し、昭和新山《しんざん》（現在も煙を上げる活火山《かっかざん》）へ行き、山麓《さんろく》を散策しました。湖も山もきれいです。近くに熊《くま》の牧場があり、お土産店では、熊の彫り物やぬいぐるみ、また熊をかたどったクッキーやおせんべい、アクセサリーなどが売られていました。

次に、洞爺湖《とうやこ》を訪《おとず》れ、〝サイロ展望台〟から、雄大な山と湖の景色を、心ゆくまで満喫《まんきつ》しました。自然は、偉大な芸術家だと、つくづく感じました。

その後、日本百名山《ひゃくめいざん》・蝦夷《えぞ》富士と呼ばれる秀峰《しゅうほう》を望む羊蹄山《ようていざん》を訪れ、山の景色を楽しみました。そして、山麓《さんろく》を散策したり、〝京極《きょうごく》ふきだし公園〟を散策したりしました。

そして、5時過ぎに、ニセコ温泉郷の〝ヒルトンホテル〟に到着しました。すぐに、ホテル自慢の温泉に入ってきました。とても素晴らしい温泉でした！　ホテルのパンフレットを見てくださいね。

そして今、ヒルトンホテルの豪華なディナー〝北海・特選会席料理〟のフルコースを味わってきたところです。もったいないくらい、きれいで、おいしかったです！

今日、山の神様に、お母さんの健康と長生きを、いっぱいお祈りしてきましたよ。

けんじ

秋の北海道、パノラマ・リゾートの旅　第4日目
平成22年10月21日　ヒルトンホテルにて

お母さんへ

朝5時に目が覚めました。すぐに温泉大浴場へ行き、ゆったり、のんびり、温泉に入ってきました。朝の温泉は、本当にいいですね！〝生きていて、良かった！〟と感じます。

朝食は7時から豪華バイキング！　いろいろ、たくさん食べました。どれも、見るからにきれいで、おいしかったです！　朝からお腹いっぱい食べました、大満足です！

ところで、お母さんは、元気ですか？

今日は旅行4日目です。毎日お天気に恵まれ、今日も〝晴れ〟との天気予報です。

今日の予定は、ニセコを出発し、ニセコ・パノラマラインと日本海シーサイドラインを通り、積《しゃこ》丹《たん》半島をぐるりと周遊し、運河と港町で有名な〝小樽《おたる》〟を訪れます。

それでは、これから行ってきま～す！

そうそう、ヒルトンホテルから、洗顔・お化粧セットをもらったので、お母さん、期待して、待っていてくださいね。お母さんが、もっと美人に…、肌はつやつやですよ！

朝8時30分にヒルトンホテルを出発しました。太陽が輝き、木々の色、山の色が鮮やかで、と

てもきれいでした。秋の色は、優雅で素晴らしいですね！

ニセコより、山なみを走る〝ニセコ・パノラマライン〟を通り、北海道の大自然を楽しみました。山が本当にきれいでした。そして、日本海に抜け、〝日本海シーサイドライン〟をドライブし、積丹《しゃこたん》半島をぐる〜っと周遊しました。コバルトブルーに輝く海原《うなばら》と断崖絶壁《だんがいぜっぺき》の海岸線は、本当に素晴らしかったですよ！　お天気が良いので、海も山もきれいでした。

そうそう、積丹岬で、30分くらい、海を眺めていました。潮の香りも、海の音も、ロマンチックで、とても良かったですよ。

お昼は、11時30分、近くの〝港《みなと》ハウス〟で紅葉膳《こうようぜん》を味わいました。海の幸、山の幸が味わえ、また、松茸ご飯も松茸のお吸い物も香り高く、おいしかったです。

昼食後、海岸線に沿って走り、大正ロマンただよう運河と港町で有名な小樽に到着しました。町は大きく、観光客がいっぱい！　それに修学旅行の生徒さんもいっぱい！　です。

小樽の町を散策していると、お腹がすき、お寿司屋さんで〝特上のお寿司〟をいただきました。港町で食べる、新鮮なお寿司、やっぱりおいしかったです！

そして今、新千歳空港に到着し、書いているところです。これから、北海道を離陸します。

この4日間、お母さんの健康と長生きを、いっぱいお祈りしましたよ！！！

けんじ

お腹いっぱい！　大満足の旅でした。お母さん、お土産を待っていてくださいね！

平成22年11月24日　東京より

お母さんへ

昨日、お母さんに笑顔で昼食を食べてもらい、うれしかったです。お母さんは、いつも、完食です！

その後、僕は新幹線に乗り、東京に帰ってきました。

東京駅は、たくさんの人で、混雑していました。きっと、勤労感謝の日で祝日だからかもしれませんね。すぐに父親の介護施設へ行きました。〝3時のおやつ〟には、大好きなお饅頭を持っていきました。とても喜んでくれました。そして、いつものように、顔と手と足を入念に拭きました、鼻や目や耳も、ひげ剃りもしました。

夕方5時過ぎに、家に帰ってきました。そして大掃除をしました（疲れました！）。

お母さんは、元気ですか？　しっかり食事して、リハビリもお願いしますね。

今日、11月24日（水）は、朝食後、父親の介護施設へ行き、いつものように、目、鼻、耳、顔、手、足を入念に拭きました。そして、ひげ剃りもしました。

また、新聞を読んだり、広告を見たりしました。父はにこにこ…、笑顔でした！　お昼ご飯も、「美味しい！」と言って食べてくれました。よかった！

その後、僕は、お昼を食べに銀座へ行きました。

能登《のと》半島・和倉《わくら》温泉の加賀屋《かがや》・銀座店で〝お昼のミニ会席料理〟を味わいました。

能登半島の海の幸、山の幸が、盛りだくさん！　洗練された料理ばかりで、日本料理の奥深さを、そして、美味しい料理を、心ゆくまで堪能しました。その後、銀座と日本橋を散策しました。たくさんの人で、賑わっていましたよ。


今、家に帰ってきて、明日からの北海道旅行のスーツとネクタイとコートを選んだところです。

〝味わい北海道・3日間の旅〟、訪れる予定地は、旭山《あさひやま》動物園、花の町〝富良野《ふらの》〟、知床半島《しれとこはんとう》国立公園、オシンコシンの滝《たき》、オホーツク海を望む町ウトロ、釧路湿原国立公園《くしろしつげんこくりつこうえん》、鶴居村《つるいむら》で国の天然記念物の丹頂鶴《たんちょうづる》、阿寒湖《あかんこ》、屈斜路湖《くっしゃろこ》をまわります。また、旭山動物園では、白クマやペンギンのお散歩も楽しみです。

一泊目のホテルは、北海道中央の十勝川《とかちがわ》温泉の〝ホテル大平原〟です（僕の大好きな高級ホテルです）。二泊目のホテルは、知床ウトロ温泉の〝知床グランドホテル〟です（5つ星の上質のホテルです）。北海道旅行、景色も食事も、今から楽しみです！

また、花の町〝富良野〟で、たくさんの美しい花々と再会できたら、うれしく思います。

そして北海道の動物、キタキツネ、エゾリス、エゾシカにも会えたらいいですね。

また、お母さんには、お土産をいっぱい買ってきます。待っていてくださいね！

けんじ

味わい北海道、3日間の旅　第1日目
平成22年11月25日　十勝川《とかちがわ》温泉にて

お母さんへ

お母さんは、元気ですか？　僕は今、北海道に到着しました！

羽田空港を7時25分に出発し、飛行機は東京湾をぐるりと周遊し、房総半島を横切り、太平洋に出ました。高度を少しずつ上げながら、千葉県、茨城県の海岸線上を飛行しました。そして雲の上へ。空は真っ青！　太陽がピカピカ！　です。飛行機は、ほとんど揺れません。ビールを注文すると、チーズのおつまみをくれました。スチュワーデスの女性が、とても親切で、景色の説明もしてくれました。とても快適な空の旅でした。

そして、北海道の旭川《あさひかわ》空港に9時10分に到着しました。

お天気は快晴、気温は5度、太陽が輝き、さわやかで、すがすがしいです！

そして、旭川空港より、白クマやペンギンのお散歩で有名な〝旭山《あさひやま》動物園〟へ行きました。空港周辺には、雪はまばらでしたが、旭山動物園へ近づくにつれ、雪に出会うようになりました。そして、あたり一面は雪で真っ白！　です。気温は2度～3度とのことです。寒いですが、動物たちのうれしそうな表情に出会え、僕の心もほっこり、温かくなりました。

そして、高速道路に乗り、冬の訪れを感じる北海道の大草原や白い山々を、心ゆくまで満喫しました。お天気が良いので、景色が本当に素晴らしかったですよ。空はどこまでも青く、空気は

透き通るように新鮮、大地も大きい！　本当に雄大な北海道です！

お昼は、北海道中央にある、花の町〝富良野《ふらの》〟で、本場のジンギスカンを食べました。肉も野菜も、みんな、おいしかったです！　パンフレットを見てくださいね。

そして、富良野《ふらの》、美瑛《びえい》、十勝《とかち》を周遊して、十勝川《とかちがわ》温泉のホテル大平原に、午後3時45分に到着しました。この十勝川《とかちがわ》温泉は〝美人の湯〟として有名な〝植物性モール温泉〟です。それでは、

これから、ホテル自慢の温泉に入ってきます！

今、温泉から帰ってきました。とても素晴らしい温泉でした！　特に、露天風呂は、石造りで、野趣あふれる素晴らしい景観でした。ホテルのパンフレットを見てくださいね。

これから、待ちに待った夕食です！

今、レストランで食べてきました。地元、十勝産の〝牛肉とポークのシャブシャブ御膳〟のフルコースです。オードブルも、前菜も、デザートも、みんなおいしかったです！

そして今、十勝産のワインを味わいながら、星が輝く夜空を眺めています。

あっ、流れ星だ！！！

今、お母さんの健康と長生きを、お星さんにお祈りしました！

けんじ

味わい北海道、3日間の旅　第2日目
平成22年11月26日　知床《しれとこ》グランドホテルにて

お母さんへ

お母さんは、元気ですか？　しっかり食事して、水分補給も忘れないでくださいね。

僕は、朝5時に目が覚めました。すぐに温泉大浴場へ行き、ゆったり、のんびり、入ってきました。朝の温泉は格別！　とても良かったです！

朝食は7時から、豪華バイキングです！　いっぱい食べました、おいしかったです。

今日は、旅行2日目、大きな北海道を、これから、ぐる～っと周遊してきます。


朝8時30分、北海道中央の十勝川《とかちがわ》温泉郷を出発し、一路《いちろ》南へ向かいました。そして帯広《おびひろ》の六花亭《ろっかてい》で、10時のティータイム、コーヒーとチョコレートをいただきました。終わり行く秋の北海道、そして冬を迎える山々は、白いドレスをまとい、本当にきれいでした。

その後、釧路《くしろ》へ行き、釧路港近くの海鮮レストランで、お昼を食べました。僕は〝カニ・ウニ・イクラ丼〟を食べました。とてもおいしかったです！　それに〝カニの鉄砲汁〟も〝カニサラダ〟もおいしかったです（パンフレットをみてくださいね）。

そして、釧路湿原《くしろしつげん》をドライブし、北斗《ほくと》展望台で、国の天然記念物の丹頂《たんちょう》鶴を見ました。白く大きな鶴は、雪の白と、見分けがつかないほどです。

それから、雪山を眺めながら、東へ北上し、神秘の湖〝摩周湖《ましゅうこ》〟を見物しました。たくさんの観光客が、雪山と湖をバックに、写真を撮っていました。大きな展望台が2つあり、僕は湖に、より近い展望台で、景色を楽しみました。今日は風もなく、太陽が優しく微笑んでいます。そして、展望台レストランで、ハーブティーとケーキを食べました。おいしかったです。レストランの支配人から、お母さんに、ラベンダーのプレゼントをもらいました。お母さん、楽しみに待っていてくださいね！

それから、オホーツク海を目指して、大きな大地を北上しました。知床峠《しれとこどうげ》にさしかかると、急に大雪で、あたり一面、真っ白！　観光バスは、道の中央を、慎重に走りました。

そして、少しずつ、暗くなり、知床ウトロ温泉郷のホテルに午後5時過ぎに到着しました。

この知床グランドホテルは、オホーツク海に面した5つ星（上質）のホテルです。今、温泉に入ってきました。オホーツク海の風が、気持ち良かったです。

そして、ホテル自慢の豪華なディナー〝知床・特選会席料理〟のフルコースを味わってきたところです。もったいないくらい、きれいで、おいしかったです！

今日、山の神様に、お母さんの健康と長生きを、いっぱいお祈りしてきましたよ。

けんじ

味わい北海道、3日間の旅　第3日目
平成22年11月27日　知床《しれとこ》グランドホテルにて

お母さんへ

お母さんは、元気ですか？　僕は北海道の知床で、元気です。

今日は、すっきり、さわやかに、朝5時に目が覚めました。すぐに温泉大浴場へ行き、ゆったり、のんびり、温泉に入ってきました。朝の温泉は、本当にいいですね！

朝食は7時から豪華バイキングです。いろいろ、たくさん食べました。どれも、みんなおいしかったです！　朝からお腹いっぱい、大満足です！

今日は旅行3日目です。毎日お天気に恵まれ、今日も〝晴れ〟との天気予報です。

今日の予定は、世界遺産の知床半島を、ぐるりと周遊します。オシンコシンの滝を見たり、世界遺産センターを訪れたり、そしてオホーツク海に沿って、北上し、網走湖《あばしりこ》、流氷《りゅうひょう》で有名なところを訪れます。そして、いっきに南下し、美幌峠《びほろとうげ》を通り、阿寒湖《あかんこ》を見て、釧路《くしろ》空港へ向かいます。今日も、大きな北海道を、大きく周遊します。

朝8時15分に、知床グランドホテルを出発しました。すぐ近く、ホテルから5分の所に、有名な〝知床旅情〟の歌碑があります。また、〝オロンコ岩〟という、火山灰でできた岩山があり、オホーツク海と岩山の景色を、楽しみました。気温は6度と少々肌寒いですが、太陽が輝き、青い空と海がきれいです！　それにオホーツクの風が、さわやかです！

その後、知床世界遺産センターで知床の動物のビデオを見たり、〝オシンコシンの滝〟を見物したり…。それから、白鳥の飛来地として有名な〝とうふつ湖〟へ立ち寄りました。

白鳥たちは、羽を休め、湖で、のんびりとしていました。

そして、オホーツク海、流氷に一番近い駅〝北浜駅〟へ行ってきました。北風が強く、とても寒かったです！　流氷は、1月下旬から2月上旬に来ると言っていました。

お昼は、網走《あばしり》市内のカニ専門のレストランで、〝かに会席料理〟を味わいました。全部おいしかったです！　特に、焼きタラバ蟹は、香り高く、絶品でした。

その後、網走から南へ、山の中を進み、美幌峠《びほろとうげ》から屈斜路湖《くっしゃろこ》を一望しました。山と湖が、大きく、とてもきれいでした。そして、原生林に囲まれた静寂《せいじゃく》の湖〝阿寒湖《あかんこ》〟を訪れ、再び、山と湖の景色を楽しみました。そして北海道の大自然を心ゆくまで満喫《まんきつ》しました。

今、釧路空港に到着し、書いているところです。これから、北海道を離陸します。

この3日間、お母さんの健康と長生きを、いっぱいお祈りしましたよ！！！

けんじ

お母さんへ

平成22年12月17日　東京より

今日、お母さんに笑顔で昼食を食べてもらい、うれしかったです。お母さんは、いつも、完食です！

その後、僕は新幹線に乗り、東京に帰ってきました。

東京駅は、たくさんの人で、ごった返していました。きっと、週末の始まる金曜日だからかもしれませんね。すぐに乗り換えて、父親の介護施設へ行きました。

〝3時のおやつ〟には、大好きな〝たい焼き〟を持っていきました。とても喜んでくれました。

そして、いつものように、顔と手と足を入念に拭きました、鼻や目や耳も、それに、ひげ剃りもしました。また、話す練習もしました。

ここ最近、体調が良く、新聞を読んだり、テレビを見たり、毎日元気にしていますよ、と、看護師さんと介護スタッフの人が言っていました。あー、良かった！

夕方5時過ぎに、家に帰ってきました。アメリカのサマンサからクリスマスカードと手紙が来ていました。写真も5枚入っていました。なんとも懐かしい気持ちです。その後、掃除をしました。

お母さんは、元気ですか？　食事をしっかり、水分補給もしっかり、お願いします！

僕は今、夕食を終え、モーツァルトのフルートとハープのコンチェルトを聴きながら、フランスのワインを味わっているところです。そして、明日からの事を考えています。

明日、18日は、朝食後、父親の介護施設へ行き、いつものように、目、鼻、耳、顔、手、足を入念に拭きます。耳の穴も。そして、ひげ剃りもします。明日は、塩大福をもってゆく予定です。

明日も良い一日になることを、祈っています！


さて、僕は19日（日）から、3日間、九州を旅行します。〝あったか九州・3日間の旅〟です。大きな九州を、空から、海から、そして大地をぐる〜っと周遊してきます。

訪れる予定地は、湯布院《ゆふいん》、別府《べっぷ》、阿蘇五岳《あそごがく》、高千穂峡《たかちほきょう》、草千里《くさせんり》、船で島原湾《しまばらわん》をクルーズ、太《だ》宰府《ざいふ》天満宮《てんまんぐう》、柳川《やながわ》では北原白秋《はくしゅう》の生家を訪れます。そして、長崎、佐世保《させぼ》、九十九島《くじゅうくしま》を遊覧船でめぐります。一泊目のホテルは、〝別府湾《べっぷわん》ロイヤルホテル〟です（Aランクの特選ホテルです）。二泊目のホテルは、雲仙《うんぜん》温泉郷の〝ホテル東洋館〟です（ここも、5つ星の特選ホテルです）。

〝あったか九州・3日間の旅〟、景色も食事も、今から楽しみです。

また、お母さんには、お土産をいっぱい買ってきます！　待っていてくださいね！

それに、太宰府天満宮では、お母さんの健康と、長生きを、いっぱいお祈りしてきますからね！

けんじ

あったか九州・3日間の旅　第1日目

平成22年12月19日　別府《べっぷ》温泉郷、別府湾《べっぷわん》ロイヤルホテルにて

お母さんへ

お母さんは、元気ですか？　僕は今、九州に来ています！

羽田空港を8時30分に出発し、東京湾を一周し、首都圏上空で左へ旋回《せんかい》し、山梨県へ、そして雪の日本アルプスを眼下に、左手には、富士山の美しい姿が、堂々と、また、優しく微笑んでいるように見えました。そして飛行機は、快晴の青い空間を進みました。

機内では、ビールを味わい、空の旅を楽しみました。そして、九州の福岡空港に10時30分に到着しました。

お天気は快晴、気温は16度、太陽が輝き、まさに〝あったか九州〟です！

すぐに、福岡空港を出発し、南へ50キロ、柳川《やながわ》に到着しました。この町は、〝どんこ舟〟が行きかう水郷《すいごう》の町で、景色がとてものどかで、素晴らしいです。また、文豪《ぶんごう》、北原白秋《はくしゅう》の生まれた町です。生家は、造り酒屋ですが、今は、白秋の記念館になっていました。町は、静かで優しい空気に包まれています。僕は1時間、ゆっくり散歩を楽しみました。

そして、お昼は、〝よくばり柳川御膳〟を味わいました。とてもおいしかったです！　パンフレットを見てくださいね。ここは、うなぎの産地で、市内あちこちに、うなぎのお店がありました。また、美味しいお菓子も、いっぱい！　ありました。

その後、高速道路を走り、九州のど真ん中を通り、山の景色を楽しみました。このあたりは、例年12月中旬まで、今年は12月下旬まで紅葉がきれいです、と、ガイドさんが言っていました。山々は、本当にきれいでした。

そして、山の中の宝石箱、と呼ばれている、湯布院《ゆふいん》に到着しました。町は、凛《りん》とした空気に包まれ、また、紅葉した山々の〝もみじ〟の赤が、とてもきれいでした。

その後、湯布院を出発し、山を下り、大分県の別府へと進みました。この時も、景色が素晴らしかったです。そして、別府温泉郷のロイヤルホテルに、午後4時30分に到着。

今、部屋で、お母さんに手紙を書いているところです。部屋からの景色は最高！　別府湾が一望できます。これから、温泉に入ってきます。

今、温泉から帰ってきました。大きく、きれいで、素晴らしい温泉でした。

これから、待ちに待った夕食です！〝関門海峡《かんもんかいきょう》のふぐ祭り〟ということで、〝ふぐの会席料理〟のフルコースを味わってきます。パンフレットを見てくださいね。

今、食べてきました！　全部、おいしかったです！

けんじ

今日、湯布院で、お母さんの健康と長生きを、いっぱいお祈りしてきましたよ！！！

あったか九州・3日間の旅　第2日目
平成22年12月20日　別府湾《べっぷわん》ロイヤルホテルにて

お母さんへ

お母さんは、元気ですか？　しっかり食事して、水分補給は忘れないでくださいね。

僕は、今、九州の別府に来ています。朝5時に起き、すぐに温泉大浴場へ行き、ゆったり、のんびり、入ってきました。やわらかい泉質で、とても良かったです！

朝食は7時から、豪華バイキング、和食膳、洋食膳の3つから、選べます。僕は洋食のレストランへ行きました。すると、可愛らしいウエイトレスさんが5人、出迎えてくれました。今日のメニューは、オレンジジュース、野菜サラダ、生ハムとチーズのクロワッサンサンド、それにアスパラとローストビーフのクレープ巻き、ミルフィーユ・ケーキ、紅茶です。まるでフランスのレストランのような、おしゃれで素敵なレストランでした。それに、おいしかったです！　朝から大満足です！

今日は、旅行2日目、それでは、行ってきまーす！

朝、8時15分にロイヤルホテルを出発しました。今日も青空、太陽が輝いています。

今日も〝あったか九州〟です。

一番目に訪れたのは、瀬《せ》の本《もと》高原です。ここから、阿蘇《あそ》の山々が一望できます。空気が新鮮！

とても、さわやか！　大きく深呼吸しながら、雄大な山々を眺めました。

そして、ゆったりとした山道を進み、阿蘇・草千里《くさせんり》に着きました。ここは、標高1130メートルにある広大な草原で、馬が草を食べたり、駆けたりしていました。牧歌的《ぼっかてき》風景で、見ているだけで、心が平和になりました。

次に訪れたのは、高千穂峡《たかちほきょう》です。パンフレットを見てくださいね。

約1時間、渓谷に沿って、散策しました。渓谷《けいこく》が美しく、滝も川も、紅葉も、みんなきれいでした！　木々の色が、赤、黄、オレンジと、太陽光線に、ピカピカと、輝いていました。

そうそう、お昼は、草千里の〝日本庭園の宿〟で、季節の会席料理を、味わいました。見るからにきれいで、みんな、おいしかったです。パンフレットを見てくださいね。

高千穂峡を後にし、熊本港《くまもと》へ、そして有明海《ありあけかい》を船で横断し、島原港《しまばら》へ、そして、雲仙《うんぜん》温泉に、今、到着しました。ホテル東洋館、5つ星の特選ホテルです。

温泉も良かったし、夕食も素晴らしかったです！　海鮮会席料理で、みんなおいしかったです。

パンフレットを見てくださいね。それに、貴賓室にとまっています。最高です！

今日、阿蘇の山々で、お母さんの健康と長生きを、いっぱいお願いしてきました。

けんじ

あったか九州・3日間の旅　第3日目

平成22年12月21日　雲仙《うんぜん》温泉郷、ホテル東洋館にて

お母さんへ

お母さんは、元気ですか？　僕は今、九州の雲仙温泉郷に来ています。

朝5時に起き、温泉に、ゆったり、のんびり、入ってきました。そして、7時から朝食。今、部屋に戻ってきました。ここは、島原半島にある、小高い雲仙《うんぜん》温泉郷です。ホテルのまわりは、紅葉した木々と、山です。思わず深呼吸したくなるほど、空気は新鮮です！

それに、紅葉した木々の赤、黄、オレンジの色が、本当にきれいです。

今日は旅行3日目、空は青く、さわやかなお天気です。それでは、これから、出発進行！

朝8時30分にホテルを出発しました。島原半島の森林の中を通って山を下り、諫早《いさはや》湾に出ました。山と木々が、とてもきれいでした！　そして、諫早のカステラ製造のお店に立ち寄りました。いろいろなカステラを試食しました。みんなおいしかったですよ。

それから、30分走り、長崎にやってきました。グラバー園を見学したり、オランダ坂を散策したりしました。この時、大阪からの観光客が多く、笑いと笑顔がいっぱい、楽しかったですよ。

それに、お天気が良く、温かいので、散歩も楽しかったです！

お昼は、11時30分より、高台にあるレストランで〝幕末龍馬御膳《ばくまつりょうまごぜん》〟を味わいました。全部、おいしかったです！　それに長崎市内を一望、景色も最高でした。パンフレットを見てください

ね。お母さん、ここで食べたんですよ！

昼食後、長崎から60キロ北上し、佐世保の町にやってきました。明るく、広々とした印象を受けました。そして、パンフレットにある〝九十九島《くじゅうくしま》〟の島々を、遊覧船で巡《めぐ》りました。海の色も、小さな島も、みんな良かったです！

フェリー乗り場の横のお店で、サザエとカキの磯焼きを食べました。香り高く、おいしかったです（カキを１つ、おまけしてくれました）。

それから高速道路を乗り継ぎ、約１００キロ離れた福岡県の太宰府天満宮《だざいふてんまんぐう》を訪れました。参道から天満宮まで、お土産店や、レストラン、お店がいっぱいで、たくさんの参拝客でにぎわっていました。僕は、〝過去・現在・未来の橋〟を渡り、天満宮の本殿で、お母さんの健康と長生き、そして、左手が動きますように！と、いっぱいお祈りしました。そして、おみくじを引いたら、〝大吉〟で、〝願い事がかなうでしょう〟と、書いてありました。

これから天満宮近くでプリント・アウトしてもらって、郵便局へ行きます。

お母さんは、大吉ですよ！　おみくじを同封します！

僕は、この後、福岡空港へ行き、九州を離陸します。羽田空港に午後8時45分に到着する予定です。

けんじ
（それに今日、素敵な女性と知り合いました）

お母さんへ

平成23年1月16日　東京より

昨日、1月15日、お母さんに笑顔で昼食を食べてもらい、うれしかったです。お母さんは、いつも、完食です！

その後、僕は新幹線に乗り、東京に帰ってきました。

東京駅は、たくさんの人で、混雑していました。きっと、週末の始まる土曜日だからかもしれませんね。そして父親の介護施設へ行きました。父は元気でした！

〝3時のおやつ〟には、大好きなお饅頭を持っていきました。とても喜んでくれました。

そして、いつものように、顔と手と足を入念に拭きました、鼻や目や耳も、ひげ剃りもしました。また、最近のお天気のことや、施設での食事についても話しました。

夕方5時過ぎに、家に帰ってきました。すぐに掃除をし、近くの温泉銭湯へ行きました。

お母さんは、元気ですか？　水分補給を忘れずに！　それに左手を動かしてくださいね。

今日、1月16日（日）は、朝食後、父親の介護施設へ行き、いつものように、顔と手と足を入念に拭きました。鼻や目や耳も、そして、ひげ剃りもしました。10時の水分補給の時には〝小さなたい焼き〟を持っていきました。父は「美味しい！」と言い、とても喜んでくれました。また、新聞を読んだり、広告を見たりしました。そして僕は、今日のお昼のデートのことを父に話しました。父は笑顔で僕の話を、聞いてくれました。僕は安心して、施設を後にしました。

そして駅で彼女と待ち合わせ。僕の胸はドキドキでした。去年の12月、九州旅行で知り合った、素敵な女性とお昼を食べに銀座へ行きました（今日が、初デートです！）。お母さんには、すでに、彼女のことは話しましたよ。覚えていますか？

純和風レストランで、会席料理のフルコースをいただきました。とてもおいしかったです！

それに、これからの二人の旅行について、彼女といろいろと話し合いました。

その後、日本橋の百貨店で、お母さんのスカーフを、じっくり吟味して、花のようなスカーフを買いました。彼女ミーちゃんと『どれにしようかな？』と20〜30分。そして、ミーちゃんが選んでくれました。お母さん、楽しみに待っていてくださいね！！！

僕は今、家に帰ってきたところです。そして、明日からの〝沖縄デラックス・空の旅　4日間の旅〟に夢をめぐらせています。沖縄を、じっくり観光して来ます。

お母さんには、おみやげをいっぱい買ってきますからね！！！

東京から沖縄まで、飛行機で、１６００キロ、離れています。

沖縄の1月の平均気温は、18度〜19度です。

それに、日本一早い桜の開花、見ごろは、1月中旬からです。今から楽しみです！

見るところがいっぱいの沖縄、それでは、明日、出発します。

けんじ

沖縄　デラックス・空の旅、4日間　第1日目

平成23年1月17日

お母さんへ

お母さんは、元気ですか？　しっかり食事して、水分補給もしてくださいね。それに、左手をたくさん動かしてくださいね！

僕は、朝食を済ませ、これから羽田空港へ行きます。朝9時の東京の気温は6度ちょうど、少々寒いです。

天気予報では、沖縄は、〝晴れ〟とのこと、それでは、これから行ってきま～す。

羽田空港を11時25分に出発し、飛行機の中で、お弁当をいただきました。みんなおいしかったです。それにスチュワーデスさんが、いろいろと親切にしてくれました。そして、〝お母さまによろしくお伝えください！〟と言い、絵はがきと、飛行機型のビニール風船をくれました。

13時55分、沖縄の那覇《なは》空港に到着しました。空は真っ青、太陽が輝き、気温は、19度、すがすがしいお天気です。冬と言うより、春または初夏と言ったところです。

今朝、家を出て、羽田空港に行く時、僕は、スーツに、マフラーと、コートを着ていました。でも、沖縄に着いてからは、ワイシャツ一枚です（冬のスーツは着ていられません）。

沖縄の暖かさに、びっくり！　さっそく、那覇空港を出発しました。

一番初めに訪れたのは、世界遺産の〝首里城《しゅりじょう》〟です。琉球《りゅうきゅう》王国の都《みやこ》です。赤と白の宮殿《きゅうでん》は、見るからに素晴らしいものでした！　また、たくさんの観光客で、にぎわっていました。

宮殿入口に、琉球衣装をまとった女性がいて、写真撮影に、にこにこしていました（僕はカメラを持っていませんが）。また、宮殿からは、町並みが一望でき、少しの間、その風景を眺めていました。とても、おおらかで良いですよ。それに海まで見渡せます！

琉球王国の歴史と文化に触れ、王宮を去りました。時間がゆっくりと流れているように感じられました。次に、琉球ガラス村へ行きました。ここでは、鮮やかな色の琉球ガラスの工房があり、職人さんが芸術作品を作っていました。僕は、お母さんの〝箸置き〟を作ってもらいました。沖縄の海と空を表す、鮮やかな青色で、とてもきれいです！

お母さん、楽しみに待っていてくださいね。

その後、ホテルへ向かいました。観光バスの車窓からは、沖縄の景色を楽しみました。家並みも、町並みも、植物も、沖縄独特で、とても良かったです。

ホテルは、とても大きく、立派です。パンフレットを見てくださいね。

部屋からは、オーシャンビュー、青い海と青い空、そしてピカピカに輝く太陽しかありません。とても素晴らしい景色です！　テラスに出ると、南国の〝やさしい風〟を感じます。少しの間、この景色を見ていました。

今日の夕食は、和食、洋食、鉄板焼き、琉球バイキング、の４つから選べます。何を食べようかなぁ？　それでは、夕食を食べに行ってきます。

けんじ

沖縄　デラックス・空の旅、4日間　第2日目
平成23年1月18日

お母さんへ

僕は今、沖縄に来ています。部屋からの景色は、オーシャンビュー、青い海と青い空、それにピカピカの太陽！　さわやかで、新鮮、そして、やさしい空間です。

今、朝食をしてきたところです。80種類の琉球バイキングで、サラダや野菜料理、卵料理、肉料理、それにパンやデザート、飲み物も、沖縄独特のもので、甘かったり、スパイスが効いていたり、トロピカルな味でおいしかったです！

沖縄は、朝と夜の温度差は、あまりありません。今日も朝から17度、温かいです。

旅行2日目の今日は、見所いっぱいです。沖縄を、ぐるりと半周します。

それでは、これから、行ってきまーす！

朝8時にホテルを出発し、〝沖縄フルーツランド〟へ行きました。ここは、パイン、パパイヤ、マンゴー、ドラゴンフルーツを始め、南国のトロピカルフルーツが、木にいっぱい実っていました。試食もしました、どれもみんなおいしかったです。

次に、〝備瀬《びせ》フクギ並木《なみき》〟を訪れました。木の枝が、あちこちに曲がり、何とも幻想的《げんそうてき》な世界を感じました（今、流行りのパワースポットかもしれませんね）。

そして海岸線に沿って走り、海洋博公園の〝沖縄美《ちゅ》ら海《うみ》水族館〟へ、行きました。ここは、と

ても有名な水族館で、巨大な水槽に、ジンベイザメやマンタなど、南洋の大きな魚が、泳いでいるのを、目の前に見られ、迫力満点でした。パンフレットを見てくださいね。ここのレストランで、お昼のランチを食べました。ボリューム満点でおいしかったです。

そして、再び海岸線に沿って走り、屋我地島《やがじじま》を車窓から眺め、古宇利《こうり》大橋を渡り古宇利島《こうりじま》を訪れました。青い海の上を、飛んでいるかのようでした。そして、エメラルド・グリーンの絶景に、思わず息を呑みました！　なんて、きれいなんだろう！

今度は、沖縄本島を横断し、沖縄本島で最大のマングローブを見に、〝慶佐次湾《げざしわん》のヒルギ林〟へ行きました。南のジャングルと言ったような趣《おもむき》で、木々が川の中から、生《お》い茂《しげ》っていました。

そして、南に50キロ、名護《なご》市、宜野座《ぎのざ》村、金武町《きんちょう》、沖縄市を通りながら、景色を心ゆくまで楽しみました。そして、うるま市の海中道路を通り、平安座島《へんざじま》、宮城島《みやぎじま》を渡り、今、伊計島《いけいじま》のホテルに着いたところです。このホテルは、円形ドームのような建物で、目の前が、プライベート・ビーチです。パンフレットを見てくださいね。

これから、夕食です。それでは、食べに行ってきます！

今日は、たくさん観光しました。全部良かったです。それに、景色も素晴らしかったです！

お母さんは、元気ですか？　しっかり食事して、水分補給をしてくださいね。それに、左手をたくさん動かしてくださいね！　また、書きます。

けんじ

沖縄　デラックス・空の旅　4日間　第3日目
平成23年1月19日

お母さんへ

お母さんは、元気ですか?　しっかり食事して、水分補給をしてくださいね。それに、左手をたくさん動かしてくださいね!

僕は、沖縄に来ています。今日は旅行3日目、朝から太陽が微笑み、空は真っ青、透き通るような青で、新鮮さを感じます。

今、朝食を食べてきました。琉球料理のバイキングで、おいしかったです!

テレビの天気予報では、今日は晴れ、最高気温は20度とのことです。

それでは、これから、行ってきまーす!

伊計島《いけいじま》のリゾートホテルを、朝8時に出発しました。平安座島、宮城島を渡り、海中道路を通り、世界遺産の〝勝連城跡《かつれんじょうあと》〟を訪れました。お天気が良いので、景色が最高でした。それに勝連城跡に、緑の芝生が、まるでジュータンのように、空と海の青色と共に、絵画のように、きれいでした。

次に、〝ぬちうなー〟という、塩の工場を見学しました。海水から塩を作るのは、たいへんだなぁー、と、つくづく思いました。

そして、高速道路と一般道を通り（お母さん、沖縄に高速道路があるのを知っていましたか?

とても快適で、景色も抜群に素晴らしいんですよ)、そして南へ30キロ、〝おきなわワールド〟で、お昼を食べました。この時、観光バスやタクシーで、たくさんのお客さんが来て、ものすごく、にぎわっていました。

そして、スーパーエイサーショーを見ました。とても迫力がある男踊りと太鼓《たいこ》で、とても良かったです！　僕、感動しました！

次に、〝ガンガラーの谷〟を訪れました。ここは数十万年前の鍾乳洞《しょうにゅうどう》が崩壊《ほうかい》してできた、原始の森で、専門のガイドさんと、1時間、散策しました。神秘的な森、鍾乳洞、地下道……パンフレットを見てくださいね。本当に神秘的で、良かったです！

そして、〝ニライ・カナイ橋〟を見て、海岸線を約10キロ北上し、〝沖縄の聖地〟と言われている高台にある御所を訪れました。海を見渡し、聖なる空気を感じました。

そして、海岸線に沿って走り、与那原《よなばる》町、南風原《はえばる》町を通り、那覇《なは》市へ入ってきました。

今、ホテルに到着し、部屋で、ゆっくりしているところです。

今日もお天気に恵まれ、景色が最高でした。それに、訪れたところ、みんな良かったです！

これから夕食です。それでは、レストランに行ってきます。

今、食べてきました。琉球御膳のフルコースで、どれもみんな、おいしかったです。

それと〝琉球舞踊《りゅうきゅうぶよう》と島唄《しまうた》〟を観覧《かんらん》してきました。とても良かったです！　それに民族衣装が、素敵でした！　今日も素晴らしい一日でした！　おやすみなさい。

けんじ

沖縄　デラックス・空の旅、4日間　第4日目
平成23年1月20日

お母さんへ

お母さんは元気ですか？　しっかり食事しましたか？　水分補給は忘れないでくださいね。

今日は沖縄旅行の第4日目です。毎日、お天気に恵まれ、〝素晴らしい旅行〟をしています。日中の気温は、18度～20度で、温かいです。

今、朝食をしてきました。琉球料理のバイキングで、おいしかったです。もう、すっかり沖縄の味に慣れました。琉球料理は、本当においしいです！

朝食後、ホテルを出発し、那覇《なは》市内を散策しました。一番のメイン通り〝国際通り《こくさいどお》〟の、お店を見てまわりました。戦後、アメリカ領となり、アメリカに統治され、今から30年少し前に日本領となるまで、日本文化・アメリカ文化・琉球文化が、沖縄の中で、複雑に絡《から》み合って、発展してきたように感じられました。

何はともあれ、〝国際通り〟を、興味津々《きょうみしんしん》と、歩きました。修学旅行の生徒さんが多く、どの店もにぎわっていました。昔なつかしい、〝抱《だ》っこちゃん〟や〝キューピーさん〟それに〝フラフープ〟や〝ベイゴマ〟も、売っていました。

また、沖縄の台所と呼ばれている、〝牧志市場《まきし》〟へも行ってきました。一般の人も買い物ができるので、観光客の人も、いろいろと買っていました。


お昼は、〝ロワジールホテル〟で、食べました。洋食のランチ・バイキングで、豪華で、おいしかったです。パンフレットを見てくださいね。

それに、ホテルのキャフェで、アイリッシュ・コーヒーを味わいました。ブランデーの香りが、心にやさしいです。


今、那覇《なは》空港に来ています。これから、飛行機に乗ります。

沖縄、デラックス・空の旅、4日間……とてもリラックスでき、素晴らしい時間でした。

お母さんには、お土産《みやげ》がいっぱい！　楽しみに待っていてくださいね！

それに、お母さんの健康と長生きを、沖縄の聖地で、いっぱいお祈りしてきましたよ！

けんじ

平成23年2月11日　東京より

お母さんへ

昨日、2月10日、お母さんに笑顔で昼食を食べてもらい、うれしかったです。お母さんは、いつも、完食です！　その後、僕は新幹線に乗り、東京に帰ってきました。

東京駅は、たくさんの人で、混雑していました。お土産店やお弁当のお店も、買い物客で、いっぱいでした。すぐに乗り換えて、父親の介護施設へ行きました。

〝3時のおやつ〟には、間に合いませんでしたが、父の大好きなお饅頭を持っていきました。とても喜んでくれました。そして、いつものように、顔と手と足を入念に拭きました、鼻や目や耳も、それに、ひげ剃りもしました。また、新聞を読んだり、笑い話をしたり…。父は笑ってくれました、優しい笑顔で！　よかった！

夕方5時過ぎに、家に帰ってきました。そして掃除、洗濯をし、部屋を片付けました。

お母さんは、元気ですか？　しっかり食事をして、水分補給も忘れないでくださいね。

今日、2月11日（金）は、朝食後、父親の介護施設へ行き、いつものように、目、鼻、耳、顔、手、足を入念に拭きました。そして、ひげ剃りもしました。また、髪の毛を少し切りました。10時の水分補給の時には〝たい焼き〟を持っていきました。とても喜んでくれました。

そして、日記を書く練習をしました（先月から漢字を書く練習をしているので、今日はだいぶ書けるようになりました）。それに体調も、とても良かったです！

　昼食を食べてもらった後、僕は安心して、施設を後にしました。


そして、九州旅行で知り合ったミーちゃんと一緒に、お昼を食べに銀座へ行きました。

銀座中央通りにあるレストランで、北陸の海の幸のフルコースを味わいました。とてもおいしかったです！　その後、銀座と日本橋を、ゆっくり散策しました。

そして、日本橋の百貨店で、花がいっぱいのタオルハンカチを買いました。ミーちゃんからのプレゼントです！　お母さん、楽しみに待っていてくださいね！！！

今、家に帰ってきて、書いているところです。

明日、2月12日（土）は、朝食後、父親の介護施設へ行き、その後、ミーちゃんと美術館めぐりをする予定です（ミーちゃん、お母さんのことを、いつも心配してくれています）。

そして、明後日の2月13日からミーちゃんと一緒に〝早春の四国、3日間の旅〟に行きます。

ホテルは、Aランクの特選ホテルです。食事も温泉も、景色も楽しみです。また、予定していた1日目のホテルを変更して、郷土《きょうど》伝統芸能《でんとうげいのう》の水軍太鼓《すいぐんたいこ》のショーを見られるホテルに変えました。

このホテルも、Aランク特選のホテルです。

旅行の添乗員《てんじょういん》さんから〝2月の上旬から四万十川《しまんとがわ》で、菜《な》の花が咲き始め、今は黄色い花が、とてもきれいですよ！〟と、連絡がありました。早く行って見たいなぁー！

お母さんには、お土産をいっぱい買ってきますからね！！！

けんじ

早春の四国　3日間の旅　第1日目
平成23年2月13日　道後《どうご》温泉にて

お母さんへ

お母さんは、元気ですか？　僕とミーちゃんは今、四国に来ています！

羽田空港を8時50分に出発し、東京湾を一周し、房総《ぼうそう》半島、三浦《みうら》半島、伊豆《いず》半島を眼下に、雪の南アルプスを右手に、そして、富士山の美しい姿が、堂々と、また、優しく微笑んでいるように見えました。そして飛行機は、快晴の青い空間の中を進みました。

機内では、ビールを味わい、空の旅を楽しみました。そして、四国の徳島空港に10時15分に到着しました。

お天気は快晴、気温は16度、太陽が輝き、暖かい日差しが、まばゆいほどです！

すぐに、空港を出発し、鳴門《なると》海峡《かいきょう》の〝うず潮《しお》〟を見に行きました。そして、うず潮観潮船に乗って、〝うず潮〟のすぐそばまで行きました。〝うず潮〟は、〝グゴー〟という音と共にすごいうねりで、うずを巻いていました。自然の力は、本当に偉大だと、感じました。

そして、徳島県より香川県へ進み、有名な金刀比羅宮《ことひらぐう》（通称：こんぴらさん）へ行きました。階段が急で、〝フーフー〟言いながら、上りました。参道や狭い道には、お土産店や、食べ物屋さんが、ぎっしり、お客さんも、たくさん来ていました。上がるにつれて、景色が広がり、きれいでした。そして、〝こんぴらさん〟の本殿《ほんでん》で、お母さんの健康と長生きをお祈りしました。また、山の景色が清新で、心が洗われるようでした。

お昼は、参道のレストランで、〝讃岐《さぬき》うどん御膳《ごぜん》〟を食べました。やはり、本場の讃岐うどんは、おいしかったです。

次に、弘法大師《こうぼうだいし》（空海《くうかい》）が生まれた所として有名な、〝善通寺《ぜんつうじ》〟へ行きました。お寺も五重塔も立派でした。ここでも、お母さんの健康を、いっぱいお祈りしましたよ！

そして、瀬戸内海を眺めながら走りました。海は、穏やかで、優しさに満ちていました。また、家並み、町並みも、のどかで、良かったですよ。

そして、午後4時35分、道後温泉のホテルに到着しました。予定していたホテルを変更して、このホテルにしました（郷土伝統芸能の水軍太鼓《すいぐんたいこ》のショーを目の前で、鑑賞するために）。見て良かった！　素晴らしかった！　今、岩風呂と露天風呂に入ってきました。

つるつる、すべすべ、の温泉で、とても良かったです。夕食は、瀬戸内海の会席料理のフルコースです。とても楽しみです。これから食べに行きます！

けんじ＋ミーちゃん

早春の四国　3日間の旅　第2日目

平成23年2月14日

お母さんへ

お母さんは、元気ですか？　しっかり食事して、水分補給をしてくださいね。それに、左手をたくさん動かしてくださいね！

僕は、今、四国に来ています。今日は旅行2日目、朝から太陽が微笑み、空がきれいです。

今、朝食を食べてきました。和食と洋食のバイキングで、おいしかったです！

旅行初日の昨日は、四国の瀬戸内海側を観光しました。

そして、今日、2日目は、四国の西側（九州側）をぐるりと周遊します。

朝、8時20分に道後《どうご》温泉のホテルを出発しました。四国の道は、山が多いせいか、比較的、道がせまく、家並みに近いです。走っていると、人にも自然にも近く、親しみやすい感じです。

9時に、伊予かすり会館に到着しました。そして、伊予のかすりを、いろいろと見ました。女性のお客さんが、たくさん買い物していました。僕は、伊予のみかん（いよかん）を試食しました。おいしかったです。3つ、買いました。

次に、内子《うちこ》を訪れました。ここは、白壁《しらかべ》の町並みで有名なところです。町は静かで、観光客も、静かに、見学していました。

そして、1時間、南へ走り、宇和島《うわじま》へ行きました。ここは、真珠《しんじゅ》の養殖が盛《さか》んなところです。

四国の宇和島、イコール、真珠と言われるほどです。町には、真珠のお店が多く、どの真珠も、みんな、きれいでした。また、女性のお客さんで、にぎわっていました。

そうそう、真珠のドリンク（飲み物）が、ありました。真珠を粉にした飲み物で、身体の中をきれいにする作用が、あるそうです。

真珠の町を後に、山の中を進みました。伊予のみかん（いよかん）を食べながら、山の景色を楽しみました。のどかで、とても良かったですよ！

そして、日本・最後の清流《せいりゅう》と言われている、〝四万十川《しまんとがわ》〟の上流へ、上がってきました。この上流では、青々とした木々、山々が一面に、その自然の美しさに輝いていました。そして、屋台《やたい》舟《ふね》に乗り、清流《せいりゅう》・四万十川《しまんとがわ》を、ゆっくりと、景色を眺めながら、鮎《あゆ》の炭焼きと特製のお弁当を食べながら、川下りを楽しみました。また、〝三里《みさと》の沈下橋《ちんかばし》〟付近では、菜《な》の花が、いっぱい、咲いていました。まさに、菜の花畑！　明るくさわやか、春の訪れを感じました。そして、高知県の土佐ロイヤルホテルに、午後5時15分に到着しました。

今、部屋で書いています。温泉も、食事も楽しみです！　今日の夕食は、瀬戸内海のフルコースです。それでは、これから、食べに行ってきまーす。

けんじ＋ミーちゃん

早春の四国　3日間の旅　第3日目

平成23年2月15日

お母さんへ

お母さんは元気ですか？　しっかり食事しましたか？　水分補給は忘れないでくださいね。それに、左手をたくさん動かしてくださいね。

今日は四国旅行の第3日目です。空は青く、太陽がやさしく輝いています。日中の気温は、16度~18度で、温かいです。

今、朝食をしてきました。これから出発します。それでは、行ってきまーす！

朝8時30分に土佐ロイヤルホテルを出発しました。そして坂本龍馬《さかもとりょうま》で有名な、桂浜《かつらはま》へ行きました。海岸の砂浜が、弓状に広がる景勝地で、坂本龍馬の銅像が、太平洋をじっと、見つめていました。この時、風がとても強く、散策した後、お土産店で、休憩しました。

そして、桂浜から高知市内にもどり、〝高知城〟を見学しました。町の中心地にあり、人々から愛されている雰囲気を、感じました。約50分、町を散策しました。高知ラーメン、徳島ラーメン、讃岐《さぬき》うどんのお店から、いい匂《にお》いが、していました。

11時に高知城を出発し、北上し、山の中を進みました。走ること90分、高知県から徳島県へ、そして、山深い渓谷《けいこく》で有名な〝大歩危峡《おおぼけきょう》〟と、45メートルのゆらゆら揺れるつり橋で有名な

〝かずら橋〟を訪れました。大歩危峡は、山々がきれいで、その渓谷に吸い込まれてしまいそうなほどで、見ていると、胸がドキドキするほど、渓谷が深かったです。また、かずら橋は、本当に、ゆらゆら揺れる、木のつり橋で、谷が深く、足がガクガクして……歩いて渡ろうとしましたが、心臓がドキドキするので、やめました。

でも、景色は、本当に素晴らしかったですよ！

お昼は、大歩危峡の名物〝祖谷《いや》そば御膳《ごぜん》〟を食べました。清流《せいりゅう》・山女《やまめ》の刺身、鮎《あゆ》の塩焼き、山菜のてんぷら、手打ちそば、煮物、漬物、みかん、など、地元の味を楽しみました。おいしかったです！

その後、四国霊場《れいじょう》第88番札所《ふだしょ》の〝大窪寺《おおくぼ》〟へ行きました。ここは、四国88ヶ所、霊場巡りの終着点です。そして、お母さんの健康と長生きを、いっぱい、お祈りしてきました。

そして、ここで手紙を出します。たくさんの、お遍路《へんろ》さんが、願い事を、祈願《きがん》しています。

僕とミーちゃんは、この先、山をいくつも越え、四国の景色を、心ゆくまで、楽しみます。そして、香川県の高松空港を19時10分出発し、羽田空港に20時20分到着予定です。とても素晴らしい旅行です！

けんじ

お母さん、お元気ですか？　おみやげ、いっぱい、待っていてくださいね。　ミーちゃんより

お母さんへ

平成23年3月4日　東京より

昨日、3月3日、お母さんに笑顔で昼食を食べてもらい、うれしかったです。お母さんは、いつも、完食です！

その後、僕は新幹線に乗り、東京に帰ってきました。

東京駅は、いつものように、たくさんの人でごった返していました。お土産店も、お弁当のお店も、買い物客でいっぱいでした。すぐに乗り換えて、父親の介護施設へ行きました。

大好きな〝たい焼き〟を持っていきました。とても喜んでくれました。そして、いつものように、顔と手と足を入念に拭きました。鼻や目や耳も、ひげ剃りもしました。

また、日記を書く練習と、話す練習もしました（家の近くの商店街のお店について、いろいろ詳しく話した）。そして、夕方5時過ぎに、家に帰ってきました。

お母さんは、元気ですか？　しっかり食事して、しっかり水分補給、それに、リハビリもお願いします！

今日、3月4日（金）は、朝食後、父親の介護施設へ行き、いつものように、目、鼻、耳、顔、手、足を入念に拭きました。そして、ひげ剃りもしました。

また、10時の水分補給の時には〝桜餅〟を持っていきました。とても喜んでくれました。そして、日記を書く練習をしました。今日はだいぶ書けるようになりました。それに体調も、とても良かったです！

今日、これからミーちゃんとデート…と話すと、父はうれしそうに、「うん、良かった！　頑張ってこい！」と、激励してくれました。僕は安心して、施設を後にしました。

そして、ミーちゃんと再会、お昼を食べに銀座へ行きました。

銀座中央通りにあるレストランで、フランス料理を味わってきました。このレストラン、先月までは、夕食のディナーしか営業していませんでしたが、今月より、お昼のランチを始めました。今日のフルコースも、とても美味《びみ》でした。レストラン〝巴里《ぱり》〟のパンフレットを見てくださいね。

今、家に帰ってきて、書いているところです。


明日、3月5日（土）は、朝食後、父親の介護施設へ行き、その後、ミーちゃんと美術館めぐりをする予定です（ミーちゃんは、いつも、お母さんのことを心配してくれています）。

そして、明後日の3月6日から〝みちのく名湯めぐり4日間の旅〟に行ってきます。

今回の旅行は、ロイヤルホテルに3泊4日の旅行です。

期待に胸を膨らませ、みちのくの旅に行ってきます。

ホテルは、すべて、ロイヤルホテルです。食事も温泉も、景色も楽しみです。

お母さんには、お土産をいっぱい買ってきますからね！！！

楽しみに待っていてくださいね！

けんじ

みちのく名湯めぐり4日間の旅　第1日目

平成23年3月6日

お母さんへ

お母さんは、元気ですか？　しっかり食事して、水分補給もしてくださいね。それに、左手をたくさん動かしてくださいね！

僕は、今、朝食を済ませ、これから東京駅へ向かいます。

〝みちのく名湯めぐり4日間の旅〟

1日目は那須温泉・りんどう湖ロイヤルホテルに宿泊し、2日目は宮城県にある日本三景の松島、そして塩釜《しおがま》を訪れ、宮城蔵王《ざおう》ロイヤルホテルに泊まります。そして3日目は山形県の名湯・銀山温泉に入浴し、山形蔵王で、樹氷の景色をロープウェイで楽しみます。

そして山形蔵王の温泉街を散策し、少し南下し、高畠《たかはた》ワイナリーで山形県産のワインを味わいます。その後、福島県へと南下し、裏磐梯五色温泉の裏磐梯ロイヤルホテルに泊まります。4日目は、桧原湖で、凍った湖を歩きます（例年、3月上旬まで凍っているとのことです）。その後、白鳥の飛来地で有名な猪苗代湖へ行きます。そして、かやぶき屋根で有名な大内宿を訪れます。景色も楽しみですが、食事も楽しみです！

それでは、期待に胸を膨らませ、〝みちのく名湯めぐり4日間の旅〟に行ってきまーす！

東京駅を12時20分に出発し、那須塩原に13時30分に到着しました。今日はお天気が良く、景色がきれいでした。また、お昼は、新幹線の中で日光の名物弁当を食べました。

日光の湯葉や、くり、山菜に、牛肉など、二段おこわ弁当で、おいしかったです。

このお弁当は、お母さんが施設へ行く時、新幹線の中で食べたもの、と同じです。お母さん、覚えていますか？

さて、那須塩原駅より那須高原へと車で40分、りんどう湖ロイヤルホテルに着きました。

今、部屋で書いています。山々は雪、白一色の景色です。この近くに、マウントジーンズ・スキー場があり、僕は以前、何回か、そのスキー場に行ったことがあり、なつかしい気持ちです。部屋からの景色は最高です！　雪山はとてもきれいです。それに、空気は、凛として、清らかです。

今、展望露天風呂と、温泉に入ってきました。とてもやわらかい温泉で、良かったです。

このホテルは、大きく立派で、素晴らしいホテルです！　パンフレットを見てくださいね。ホテルにいるだけで、部屋にいるだけで、リラックスでき、身体がうれしいです。

さて、これから夕食です。和食、洋食、中国料理、そして、バイキング……

今、レストランを見てきましたが、みんな、おいしそうです！　どのレストランにしようかなぁ～、と迷いますが、やはり、地元のおいしいものを味わうことにしました。それでは、食べに行ってきまーす。

お母さんも、しっかり食事して、水分を取ってくださいね。

けんじ

みちのく名湯めぐり4日間の旅　第2日目

平成23年3月7日

お母さんへ

お母さんは、元気ですか？　しっかり食事して、水分補給をしてくださいね。それに、左手をたくさん動かしてくださいね！

僕は、今、〝みちのく名湯めぐり4日間〟の旅に来ています。

今日は旅行2日目、朝から太陽が微笑み、空がきれいです。朝の温泉も良かったです！

今、朝食を食べてきました。和食と洋食のバイキングで、おいしかったです！

今日の予定は、那須塩原温泉を出発し、宮城県の日本三景の松島を訪れます、そして、町を散策し、日本三景の海岸も散策します。

昼食は、近くの塩釜で海鮮御膳『うに、あわび、えび、かに』のお昼を味わう予定です。

その後、塩釜の神社を訪れます。お母さんの健康と長生き、それに左手が動くようになりますように、と、お祈りしますからね。

それではこれから、みちのく名湯めぐり4日間の旅、第2日目、出発しまーす。

手紙は、ここ、りんどう湖ロイヤルホテルから、送ります。

けんじ

追伸：お母さん、いっぱいのお土産を、楽しみに、待っていてくださいね！

追伸2：きれいな写真とパンフレットを、いっぱい同封します！　是非、見てくださいね。

平成23年5月9日　東京より

お母さんへ

昨日、お母さんに笑顔で昼食を食べてもらい、うれしかったです。お母さんは、いつも、完食です！　その後、僕は東京に帰ってきました。

そして、いつもの和菓子店で柏餅《かしわもち》を買って、父親の介護施設へ行きました。

父は柏餅を見ると…？　それとも僕を見ると？　うれしそうな顔をしました。

その後、いつものように、顔と手と足を入念に拭きました、鼻や目や耳も、そして、ひげ剃りもしました。また、ボケ防止のため、なぞなぞ遊びを始めました。勿論、話す練習もしました。

夕方6時過ぎに、家に帰ってきました。そして大掃除をしました。

お母さんは、元気ですか？　しっかり食べて、しっかり水分補給をしてくださいね。


5月は花がきれいな季節です。今回、北海道旅行と九州旅行を申し込みましたが、地震の影響で、両方ともキャンセルになってしまいました。それゆえ、今回は東京で、花めぐりをすることにしました。

今日、5月9日は、ミーちゃんと、浜離宮《はまりきゅう》と新宿御苑《ぎょえん》に行ってきました。

午前中、浜離宮を訪れました。以前は、皇室《こうしつ》の宮内庁《くないちょう》の施設で、一般の人は、入ることはできませんでしたが、今は開放され、多くの人が、花を見たり、庭園を散策したり、楽しんでいました。ミーちゃんに、〝シャガ〟と言う名前の花を教えてもらいました。胡蝶蘭《こちょうらん》に似た、色鮮やかな、きれいな花です。

今日の最高気温は24度、太陽が輝き、すがすがしいお天気です。

お昼は、銀座3丁目のスペイン料理のレストラン（エル・チャテオ）で、パエリアのコース料理を味わいました。とてもおいしかったです。その後、銀座を散策し、お母さんのプレゼントを探しました。

その後、新宿御苑へ行きました。大きな緑地公園で、たくさんの人で、賑わっていました。緑の芝生がピカピカに、それに、赤・黄・白・ピンクの花が、あちこちに咲き誇り、とてもきれいでした！

明日、5月10日（火）はミーちゃんと、大船《おおふな》にある植物園を訪れ、その後、鎌倉《かまくら》へ行き、お寺と花めぐりをします。鎌倉は、由緒あるお寺が多く、また、町全体がお花畑のように、美しいです。

今日、浜離宮と新宿御苑。お天気が良く、花がとてもきれいでした！

明日、鎌倉で、お母さんの、健康と長生きを、いっぱい、お祈りしてきます！

それに、プレゼントを、楽しみに待っていてくださいね。

けんじ

追伸：お母さん、しっかり食事して、水分補給も忘れないでくださいね！

平成23年7月3日　東京より

お母さんへ

昨日7月2日、お母さんに笑顔で昼食を食べてもらい、うれしかったです。お母さんは、いつも、完食です！　その後、僕は東京に帰って来ました。

父の大好きな〝水ようかん〟を持って、施設へ行きました。父はとても喜んでくれました。

そして、いつものように、顔と手と足を入念に拭きました、鼻や目や耳も、ひげ剃りもしました。また、なぞなぞ遊び、日記を書く練習をしました。夕方7時過ぎに、家に帰ってきました。

すぐに、いつものように大掃除をしました。汗びっしょり、になりました。

お母さんは、元気ですか？　しっかり水分補給をしていますか？　お茶を飲んでくださいね。


今日、7月3日（日）は、ミーちゃんと浅草ビューホテルへ行き、結婚式の写真撮影の打ち合わせをしてきました。その後、東京の下町、浅草を、ゆっくり、のんびり、散策しました。多くの人で賑わっていましたよ。

11時になり、すき焼きとしゃぶしゃぶが美味しいお店で、牛肉のすき焼きを味わいました。とてもおいしかったです。このレストラン、とてもゆっくりでき、気に入っています！

その後、浅草の仲見世を、さらに散策しました。太陽が強いので、帽子を買いました。

夕食は、午後5時30分から浅草ビューホテルの27階のフレンチ・レストランで、フランス料理のフルコースを味わいました。レストラン受付で、名前を言い、予約した席へ案内されました。椅子もテーブルも、雰囲気も、みな豪華でした。それに、27階からの眺望は、素晴らしかったです。料理は、まず、アミューズ、オードブルの3品。それに、冷製パンプキン・スープ。次に、前菜のアントレは、鮮魚スズキのカルパッチョとハーブ野菜サラダに、ハーブのドレッシングが、かかっています。食べていると、焼きたてのパンが、運ばれてきました。穀物パン、とうもろこしパン、トマトパンの3種、6品。それに、バジルとオリーブオイルで、薫り高く、いただきました。

メイン料理、僕は、肉料理。5センチ厚の牛ヒレ肉のステーキに赤ワインのソース。付け合せに、アスパラとズッキーニとアンディーヴ・シコレの温野菜、モロヘイヤとハーブのドレッシング。ミーちゃんは、魚料理。鮮魚タイの香味焼き、それにエビとツブ貝。特製のマセドアン・ソースのオレンジ色が、料理を引き立てています。それにクレソンとハーブ・サラダ。デザートは、木イチゴ、フランボワーズのムースにチョコとゼリーが、掛けてありました。そして、濃い目のフレンチ・コーヒーとチョコレートでしめくくり。1品1品、どれも、みな、丁寧に、きれいに、そして、おいしかったです。本当に素晴らしい食事でした！ 運ばれてくる料理に胸をわくわくさせ、料理の話をしたり、時には、テーブルの花を見たり、景色を楽しんだり、とても素晴らしい時間でした。おいしかった！

今度はお母さんと一緒に、ここで、食事がしたいです！ ミーちゃんも、言っています！

お母さんは、元気ですか？ しっかり食事して、お茶も飲んでくださいね！ また、右手も左手も動かしてくださいね！ それにプレゼントを楽しみに待っていてくださいね！　けんじ

さわやか上高地《かみこうち》と信州・善光寺　2日間の旅　第1日目

平成23年7月24日　東京にて

お母さんへ

お母さんは、元気ですか？　しっかり食事して、お茶も忘れずに飲んでくださいね。それに、右手も左手も、動かしてくださいね。

僕は、これから、ミーちゃんと1泊2日のバス旅行に行きます。上高地《かみこうち》と、善光寺《ぜんこうじ》、白根山《しらねさん》、霧《きり》が峰《みね》、それに、ビーナスラインの高原ドライブ。バスに乗って、景色を楽しんできます。

今日は朝から太陽が輝き、本当に良いお天気です。

東京を8時05分に出発して、群馬県と長野県の県境にある白根山を訪れました。標高も高く、空気もさわやか、すがすがしい気持ちになりました。白根山の山麓を散策し、大きなエメラルド・グリーンの湯釜を見ました。そして、白根山の高原牛乳を味わいました。とても濃くて、おいしかったです。

そして、県境の峠を越え、長野県に入ってきました。志賀高原を周遊し、信州中野を通り、長野市にある国宝、善光寺を訪れました。多くの観光客で、にぎわっていました。そして、長野県の北アルプス、（富山県に近い）安曇野《あずみの》の白馬《はくば》温泉郷に、今、到着しました。

ホテルからの景色が素晴らしいです！　これから、温泉に入って、夕食です。とても楽しみです！

今、食べてきました。豪華、和食御膳の夕食で、どれも、みんな、おいしかったです！

そして、地元のワインを飲みながら、雄大な大自然の景色を、味わっています。


7月25日（月）朝一番に、温泉に入ってきました。とても気持ち良かったです！

朝食は、ご飯3杯、みそ汁3杯、おかずも色々あり、美味しかったです。もう、お腹いっぱい！

ホテルを定刻通り出発し、近くのガラス細工の工芸館、朝採れの野菜市場を見て回りました。

そしてバスは山の中を進み、地元の酒蔵を見学し、出来立てのお酒を、試飲しました。とても香りが良く、おいしかったです。


その後、とても有名な観光地、上高地を訪れました。空気はピカピカに透き通っていて、今もなお雪をかぶった山々を見ながら、梓川《あずさがわ》沿いに散策しました。景色が本当にきれいでした。梓川のほとりで、サンドイッチを食べました。おいしかったですよ！

そうそう、カモの親子にも、会えました。とても可愛かったです。

そして、帰りの道では、霧が峰の高原ドライブを楽しみました。高山植物の花畑を散策しました。今、新宿中央郵便局で、書いています。素晴らしい旅行でした！

けんじ＋ミー♡

平成23年8月11日　東京より

お母さんへ

今日、朝早くの高速バスで東京へ。

お昼は牛スジの煮込み定食を食べました。とても、おいしかったです。その後、父の施設へ急行しました。父は大きな窓から外を眺め、ラジオを聴いていました。

今日は、施設長の田中先生（内科の専門医）に呼ばれているので、じっくりお話ししました。田中先生と父は、同じ小学校ということで、先生はいつも優しく丁寧に父と接してくれています。

その後、家に帰り、郵便物の整理、そして、大掃除をしました。

今日はとても暑く、汗びっしょり、になりました。

お母さんは、元気ですか？　ちゃんとお茶を飲んでいますか？　左手を動かしていますか？

頑張ってくださいね。


僕は今、夕食を終え、モーツァルトのクラリネット・コンチェルトを聴きながら、フランスのボルドーワインを味わっているところです。そして、明日からの事を考えています。

明日、12日金曜日の予定は、ミーちゃんとデート。

8月13日土曜日は、浅草のビューホテルで結婚式の写真撮影の打ち合わせ。

その後、お母さんのブラウスを探します。良いのが見つかったら、買ってきます。楽しみに待っていてくださいね！

8月14日日曜日は、富士山周遊の旅に行きます。富士スバルラインを通り、富士山5合目へと、山岳ドライブを楽しみます。きっと、景色がいいだろうなぁ～！　今から楽しみです。それに、白糸の滝も訪れます。そして、観光果実園で、桃とぶどうの食べ放題です。また、山梨ワインの工場見学もします。

8月15日から18日までは、お盆で、どこへ行っても混んでいると思うので、都内の美術館を、ミーちゃんと鑑賞するつもりです。

お母さん、お土産をいっぱい買ってきますからね！　楽しみに待っていてくださいね。

けんじ

追伸：今日の夕食で、アボカドを食べました。いつもは、ドレッシングで食べますが、わさび醤油で食べました。とても美味しかったです！　ミーちゃんに教えてもらいました。お母さん、ミーちゃんは料理上手で、いろいろ詳しいんですよ。

平成23年9月2日　東京より

お母さんへ

今日、車検があるので、車で東京へ行きました。

〝3時のおやつ〟には、塩大福を持っていきました。父はとても喜んでくれました。そして、いつものように、顔と手と足を入念に拭きました、鼻や目や耳も、ひげ剃りもしました。また、昔話をしました、桃太郎、花咲か爺さん、など。

夕方5時過ぎに、家に帰ってきました。そして大掃除をしました。

お母さんは、元気ですか？　しっかり水分補給をして、左手を動かしてくださいね。


僕は今、夕食を終え、モーツァルトのクラリネット・コンチェルトを聴きながら、フランスのボルドーワインを味わっているところです。そして、明日からの事を考えています。

明日、3日（土）の予定は、日帰りバスツアーで、群馬県を周遊してきます。食事は3食付きです！　今から楽しみです。本当は、ミーちゃんと一緒に行く予定でしたが、ミーちゃん、急に仕事が入り、働かなければならなくなり、僕一人で行くことになりました。

9月4日（日）は、ミーちゃんとデートです。日本橋と、銀座を散策する予定です。

9月5日（月）からは、4日間、北海道を旅行します。〝秋の北海道、パノラマ・リゾートの旅・4日間〟です。大きな北海道を、空から、海から、そして大地をぐる～っと周遊してきます。

そして、ひと足早い、北海道の秋に触れてきます。

北海道中央の、日本一早いという旭岳の紅葉を、ロープウェイに乗り、空中遊覧してきます。

海からは、紺碧《こんぺき》の積丹《しゃこたん》半島をぐるりと周遊します。そして、富良野《ふらの》から美瑛《びえい》まで、田園列車に乗り、雄大な景色を味わいます。

また、花の町〝富良野〟で、たくさんの美しい花々と再会できたら、うれしく思います。一泊目のホテルは、北海道の西部、やや下の〝朝里川温泉〟です。開放的な、森林浴が味わえる、露天風呂が素晴らしく、食事も豪華なので、今から楽しみです。

二泊目のホテルは、札幌プリンスホテルです。高層タワーのホテルで、札幌市内を一望！

そして、部屋も食事も超デラックスです！

三泊目のホテルは、キロロ温泉郷のリゾートホテルです。とても大きく立派なホテルで、景色も食事も、今から楽しみです（今回のホテルはすべて、Aランク・デラックスです）。

そして、北海道の動物、キタキツネ、エゾリス、エゾシカにも会えたらいいですね。

また、お母さんには、お土産《みやげ》をいっぱい買ってきます！！！

楽しみに待っていてくださいね！

けんじ

秋の北海道　パノラマ・リゾートの旅　第1日目
平成23年9月5日　朝里川温泉にて

お母さんへ

お母さんは、元気ですか？　僕は今、ミーちゃんと一緒に北海道に来ています！

羽田空港を出発し、飛行機は東京湾を、ぐるりと周遊し、房総半島を横切り、太平洋に出ました。高度を少しずつ上げながら、千葉県、茨城県の海岸線上を飛行しました。そして雲の上へ。空は真っ青！　太陽がピカピカ！　です。飛行機は、ほとんど揺れません。とても快適です。飛行機の中でビールを注文したら、おつまみをくれました。スチュワーデスの女性が、とても親切で、景色の説明もしてくれました。

とても快適な空の旅でした。そして、北海道の新千歳《しんちとせ》空港に到着しました。

お天気は快晴、気温は23度、さわやかで、すがすがしいです！

新千歳空港より、高速道路で、大草原や山々の景色を、心ゆくまで満喫《まんきつ》しました。秋色の景色が本当に素晴らしかったです！

北海道は、大きいですね！　空も大きい！　大地も大きい！　本当に雄大な北海道です！　そして、バスの中で海鮮弁当をいただきました。ウニ・イクラ・サーモンが、たっぷり入っていました。贅沢でおいしかったです！

そして、大正ロマンただよう運河と港町で有名な小樽《おたる》を訪れました。町は明るく、観光客がいっぱい！　それに修学旅行の生徒さんもいっぱいでした。小樽の町は、とても楽しかったですよ。その後、朝里川温泉へと周遊してきました。

ここ朝里川温泉は、小樽の森林と山に囲まれた温泉リゾートです。

午後5時10分、ホテルに到着しました。このホテルは、新しくできたばかりで、森林に囲まれた露天風呂が有名で、部屋も広く、清潔。そして、窓からの森林の景色が、素晴らしいです。それでは、これから温泉に入ってきま〜す！

今、温泉から帰ってきました。とても開放感のある、まさに森林の露天風呂で、良かったですよ！　のんびり、ゆったり、いい気分！　ホテルのパンフレットを見てくださいね。

さて、これから夕食です。地元の牛肉と海の幸を使った〝特選会席料理〟のフルコースを味わいます。それでは行ってきま〜す。

今、ホテルのレストランで食べてきました。ローストビーフのハーブソース添え、そして豪華な海の幸（お刺身）の盛り合わせを始め、オードブルも、前菜も、デザートも、みんなおいしかったです！　本当に見るからにきれいで、おいしかったです！

日も暮れ、星が輝く夜空は、神秘的で美しいです！

今、お母さんの健康と長生きを、お星さんにお願いしました！

ミーちゃんより

お母さんは、元気ですか？　しっかり食事して、お茶も飲んでくださいね。

けんじ

秋の北海道　パノラマ・リゾートの旅　第2日目
平成23年9月6日　札幌プリンスホテルにて

お母さんへ

朝5時に目が覚めました。すぐに温泉大浴場へ行き、ゆったり、のんびり、温泉に入ってきました。朝の温泉は、本当にいいですね！〝生きていて、良かった！〟と感じます。

朝食は6時50分から和食・洋食・中国料理の豪華バイキング！　いろいろ、たくさん食べました。どれも、見るからにきれいで、おいしかったです！　朝からお腹いっぱい食べました、大満足です！　ところで、お母さんは、元気ですか？　しっかり食事して、お茶も飲んでくださいね。それに、リハビリも、お願いします。

今日は、朝8時にホテルを出発しました。今日もお天気が良く、太陽が輝き、空は真っ青です！　小樽から、高速道路に乗り、旭川方面へと北上し、途中で、一般道に降り、北海道の中央に位置する〝花の町、富良野《ふらの》〟を訪れました。右に左に、景色を楽しみました。この富良野の町は、十勝岳《とかちだけ》が眼の前に広がる花の町です。さっそく、〝ファーム富田《とみた》〟で、色鮮やかな花が咲く人気のフラワーガーデンを訪れました。赤・白・黄色の花々が、あたり一面に咲き誇り、びっくりするほどきれいでした。また同時に、北海道は広いなぁ～！　と、つくづく感じました。その後、今年オープンしたギャラリーで、地元の風景画を鑑賞しました。どれも、みんな力作で、素晴らしかったです。

お昼は富良野のドライブイン兼レストランで、本場のジンギスカンを味わいました。とてもおいしかったですよ。それに、富良野の特産品メロンの、クッキーとゼリーを買いました。とても美味しいんです！　お母さん、期待して、待っていてくださいね。

お腹いっぱいになり、今度は、中富良野《なかふらの》駅から美瑛《びえい》駅まで〝田園トロッコ列車〟に乗り、北海道の雄大な、秋の景色を、心ゆくまで楽しみました。とてもきれいで良かったです！

次に、今日のメインである、大雪山《だいせつざん》・旭岳《あさひだけ》へ行き、旭岳山麓《さんろく》駅からロープウェイに乗り、標高1600メートルの雲上の世界へと空中散策しました。山がきれい！　息を呑むほどに。そして自然の美しさを堪能しました！　そして姿見駅のテラスで、景色を楽しみ、山麓駅に戻ってきました。〝自然は偉大な芸術家〟だと、つくづく感じました。

そして大雪山から約160キロ、札幌のプリンスホテルに今、到着しました。山の景色も、草原の景色も、みんなきれいでした！

今、プリンスホテルの温泉に入り、夕食を終えたところです。

豪華なバイキングは、色とりどり、どれも芸術作品のようにきれいで、おいしかったです！

今日一日、太陽が輝き、みんなピカピカでした。

お母さんは、元気ですか？　しっかり食事して、お茶も飲んでくださいね。

今日、旭岳で、お母さんの健康と長生きを、いっぱい山の神様にお祈りしましたよ。

けんじ

ミーちゃん

秋の北海道　パノラマ・リゾートの旅　第3日目
平成23年9月7日　札幌プリンスホテルより　キロロ温泉リゾートへ

お母さんへ

僕は今、札幌プリンスホテルに泊まっています。

朝5時に目が覚め、温泉大浴場へ行き、のんびり、ゆったり、入ってきました。朝の温泉は格別！　とても良かったです！

朝食は7時から、豪華バイキングです！　いっぱい食べました、おいしかったです。

お母さんは、元気ですか？　しっかり食事して、お茶も飲んでくださいね。

今日は朝食後、札幌市内の名所観光をしました。朝方は少々肌寒かったですが、太陽が輝き、さわやかで暖かい日和《ひより》になりました。大通り公園や旧道庁、時計台などを訪れました。そして、大通り公園のレストランのテラスで、ハーブティーとケーキを味わいました。ジャスミンの香りが、とても良かったですよ！

ところで、お母さん、札幌市内に地下鉄が走っているのを知っていますか？　駅も地下道も大きく広く、お店もあり、朝からたくさんの人で賑わっていましたよ。

11時を過ぎたので、札幌場外市場へ行き、魚や肉をはじめ、たくさんのお店を見てきました。とても楽しかったです！　そして、お昼は、〝アワビ・イクラ・サーモン丼〟を食べました。とても贅沢でおいしかったです。それに、北海あら汁の味噌汁がついています。この味噌汁には、エビやカニがいっぱい入っていて、これも、おいしかったです。

昼食後、札幌を出発し、昭和新山《しんざん》（現在も煙を上げる活火山《かっかざん》）へ行き、山麓《さんろく》を散策しました。

湖も山もきれいです。近くに熊《くま》の牧場があり、お土産店では、熊の彫り物やぬいぐるみ、また熊をかたどったクッキーやおせんべい、アクセサリーなどが売られていました。

次に、洞爺湖《とうやこ》を訪《おとず》れ、〝サイロ展望台〟から、雄大な山と湖の景色を、心ゆくまで満喫《まんきつ》しました。自然は、偉大な芸術家だと、つくづく感じました。

その後、日本百名山《ひゃくめいざん》・蝦夷《えぞ》富士と呼ばれる秀峰羊蹄山《しゅうほうようていざん》を訪れ、山の景色を楽しみました。そして、山麓《さんろく》を散策したり、〝京極《きょうごく》ふきだし公園〟を散策したりしました。

次に、真狩《まっかり》フラワーセンターを訪れ、ユリやカサブランカなど、色あざやかな花を、鑑賞しました。そして、6時過ぎに、キロロ温泉郷の〝リゾートホテル〟に到着しました。

とても大きく、立派なホテルです。ホテルのパンフレットを見てくださいね。

すぐに、ホテル自慢の温泉に入ってきました。とても素晴らしい温泉でした！

そして今、ホテル自慢の豪華な料理を味わってきたところです。豪華なディナー、もったいないくらい、素晴らしく、おいしかったです！

今日、山の神様に、お母さんの健康と長生きを、いっぱいお祈りしてきました！

けんじ＋ミーちゃん

秋の北海道　パノラマ・リゾートの旅　第4日目
平成23年9月8日　キロロ温泉リゾートにて

お母さんへ

朝4時50分に目が覚めました。すぐに温泉大浴場へ行き、ゆったり、のんびり、温泉に入ってきました。朝の温泉は、本当にいいですね。生きていて、良かった！　と感じます。

朝食は7時から豪華バイキング！　いろいろ、たくさん食べました。どれも、見るからにきれいで、おいしかったです。朝からお腹いっぱい食べました、大満足です！

ところで、お母さんは、元気ですか？　しっかり食事して、お茶も飲んでくださいね。

北海道旅行、今日は4日目です。毎日お天気に恵まれ、今日も〝晴れ〟との天気予報です。

今日の予定は、キロロ温泉リゾートを出発し、余市《よいち》にある〝ニッカウヰスキー〟の工場見学をします。その後、日本海シーサイドラインを通り、積丹《しゃこたん》半島をぐるりと周遊します。それに、水中展望船に乗って、積丹ブルーと称される、どこまでも続く青い海をめぐります。それでは、これから行ってきま〜す！

朝8時30分に、大きく立派なリゾートホテルを出発しました。太陽が輝き、木々の色、山の色が鮮やかで、とてもきれいでした。秋の色は、優雅で素晴らしいですね！

余市にあるニッカウヰスキーの工場を訪れました。そして、ウイスキーやワインの試飲をしました。おいしかったです。記念に、ウイスキーを1本買いました。

その後、日本海に抜け、〝日本海シーサイドライン〟をドライブし、積丹《しゃこたん》半島をぐるりと周遊しました。コバルトブルーに輝く海原《うなばら》と断崖絶壁《だんがいぜっぺき》の海岸線は、本当に素晴らしかったですよ！　パンフレットを見てくださいね。

そうそう、積丹岬《しゃこたんみさき》で、30分くらい、ミーちゃんと海を眺めていました。潮《しお》の香りも、海の音も、ロマンチックで、とても良かったですよ。

お昼は、海の見えるレストランで、〝秋の味覚御膳〟を味わいました。海の幸、山の幸が味わえ、また、新鮮な、とれたてのウニが、すごくおいしかったです。また、エビとカニもサザエも香り高く、おいしかったです（ここのレストランは、素晴らしかったです）。

昼食後、今度は、山なみを走り北海道の大自然を楽しみました。山が本当にきれいでした。

そして今、新千歳《しんちとせ》空港に到着し、書いているところです。これから、北海道を離陸します。

この4日間、お母さんの健康と長生きを、いっぱいお祈りしましたよ！　それに、お土産《みやげ》もいっぱいです！　お母さん、楽しみに待っていてくださいね。

けんじ＋ミーちゃん

平成23年9月25日　東京より

お母さんへ

昨日、お母さんに笑顔で昼食を食べてもらい、うれしかったです。お母さんは、いつも、完食です！

その後、高速バスで、東京に帰ってきました。道はすいていて、渋滞はありませんでした。

〝草だんご〟を2本買い、父親の施設へ行きました。あっさり甘味で、美味しかったです。

そして、いつものように、顔と手と足を入念に拭きました、鼻や目や耳も、ひげ剃りもしました。また、話す練習もしました。だいぶ会話ができるようになりました。

夕方6時過ぎに、家に帰ってきました。そして掃除、洗濯をしました。

お母さんは、元気ですか？　しっかり食事して、お茶も飲んでくださいね。


今日、9月25日（日）は、朝食後、父親の介護施設へ行き、いつものように、目、鼻、耳、顔、手、足を入念に拭きました。ひげ剃りもしました。そして、話す練習もしました。

父の体調は、とても良かったです！

僕は、安心して、お昼を食べに銀座へ行きました（今日はミーちゃんとデートです）。

銀座のいつものフレンチ・レストランで、フランス料理のフルコースを味わいました。

僕は肉のコース、ミーちゃんは魚のコースを味わいました。

オードブル、前菜、スープ、僕（子牛のブルゴーニュ風煮込み料理）、ミーちゃんは（オマール・エビのパリ風グラティネ）、季節のサラダ、フランスのチーズ、デザート、コーヒーです。飲み物は、南仏プロバンスのロゼワインを、味わいました。

どれも、みんなおいしかったです！　ミーちゃんが、〝今度は、お母さんと来たいわ！〟と言っています。ミーちゃんは、お母さんのことが、大好きです！

今日のお天気は、太陽が輝き、さわやかで、すがすがしいです。

その後、銀座と日本橋を散策しました。たくさんの人で、賑わっていましたよ。そして、〝資生堂パーラー〟で、フルーツ・パフェを食べました。これもおいしかったです。

それに、百貨店のブティックで、お母さんのブラウスを探しましたが、今回は、気に入るのが見つかりませんでした。次回は、買うぞー！　期待して、待っていてくださいね。

今、家に帰ってきて、モーツァルトのクラリネット・コンチェルトを聴きながら、フランスのチーズとボルドーワインを味わっているところです。

そして、明日からの北陸・能登《のと》半島周遊の旅、三日間に、想《おも》いを廻《めぐ》らせています。日本海に突き出た能登半島、その自然と海と山、それに、人々の生活と、食事、日本海のおいしい海の幸を、思う存分、味わってきます。

明日、上越新幹線（グリーン車）で東京駅を8時04分に出発します。そして、泊まるホテル・旅館は加賀《かが》百万石《ごく》の屈指《くっし》の高級旅館です！　景色も食事も、今から楽しみです。

また、お母さんには、お土産をいっぱい買ってきます。待っていてくださいね！

けんじ

北陸・能登《のと》半島　3日間の旅　第1日目
平成23年9月26日　和倉《わくら》温泉にて

お母さんへ

お母さんは、元気ですか？　しっかり食事して、お茶も飲んでくださいね。

僕は今、北陸、能登《のと》半島にある、和倉《わくら》温泉に来ています！

今朝8時04分の上越新幹線で東京駅を出発し、新潟県の越後湯沢で新幹線を降り、大型観光バスで、日本海に出て、そして、海岸沿いを走り、富山県に入ってきました。

そうそう、お昼は、新潟県魚沼産のコシヒカリのお弁当を食べました。ご飯もおいしい、そして、新鮮な海の幸も、おいしかったです。


今日のお天気は快晴、気温は23度、さわやかで、すがすがしいです！　車窓からの景色も、素晴らしかったです！　そして、有名な〝富山の薬屋さん〟を訪れました。昔ながらのたたずまい、富山の薬の歴史を、垣間《かいま》見ました。次に、立山連峰《たてやまれんぽう》を望む絶景《ぜっけい》と称《しょう》されている〝雨晴海岸〟を訪れました。日本海、富山湾から立山連峰がきれいに見え、まるで、海に浮かんでいるかのように雄大に、美しく、連なっているのが見えました。まさに絶景！　素晴らしかったです。

それから日本海沿いに、能登半島を北上しました。とてものどかで、自然がいっぱい、海も山も空も、本当にきれいでした。そして、和倉温泉に、今、到着しました。

和倉温泉は、能登半島を代表する有名な温泉で、富山湾を一望できる風光明媚《ふうこうめいび》な温泉地としても有名です。今日の夕食が楽しみです。また、僕とミーちゃんが泊まっている大観荘は、和倉温泉の中でも、高級旅館で、部屋も素晴らしいです。パンフレットを見てくださいね。

それでは、これから、温泉に入ってきます。

さすが、温泉自慢、すべすべして、良い温泉でした。

夕食は、富山湾でとれた、新鮮な海の幸の〝会席料理のフルコース〟です。エビ、カニをはじめ、お刺身、姿造り、などなど、どれもぷりぷりして、おいしかったです。


今、富山湾の夜景を見ながら、地元のお酒を味わっているところです。

景色が素晴らしかった！　料理も新鮮で、見るからにきれいで、おいしかった！

温泉も、良かった！　僕は、幸せです。お母さんの足がもっと良くなったら、今度は3人で、温泉旅行がしたいです！　その日を、楽しみにしています！

それにミーちゃんも、「お母さんと、温泉旅行するのを、楽しみにしています」と、今、横で言っています。また、来月の10月中旬に、お母さんに会いに行きます！　と、言っています。お母さん、楽しみに待っていてくださいね。

けんじ＋ミーちゃん

北陸・能登半島　3日間の旅　第2日目

平成23年9月27日　能登半島、和倉温泉より　加賀温泉郷《かがおんせんきょう》、片山津温泉にて

お母さんへ

お母さんは元気ですか？　しっかり食事して、お茶も飲んでくださいね。

僕は今、北陸、能登半島にある、和倉温泉に来ています！　今日は、旅行2日目です。

朝5時に起き、温泉に入ってきました。富山湾を一望できる露天風呂で景色を眺めながら、鳥のさえずりを聞きながら、ゆったり、のんびり、温泉に入ってきました。とても良かったです。

朝食は、和食御膳、とれたての海の幸がおいしかったです。今日、旅行2日目は、盛りだくさん！　いっぱい、観光してきます！　それでは、行ってきま～す！


朝8時に和倉温泉を出発しました。お天気は快晴で、すがすがしいです。

初めに、能登半島の先端にある、世界遺産に登録された〝白米《しらよね》の千枚田《せんまいだ》〟を訪れました。日本海に面した急斜面に、水田が、段々畑のように広がっていました。本当に、懐かしい風景です。記念に、マスコットを2つ買いました。

次に、日本三大朝市で有名な〝輪島《わじま》の朝市〟を訪れました。新鮮なカニ、魚が、所狭《ところせま》しと並べられ、沢山《たくさん》のお客さんで、賑《にぎ》わっていました。その次に、輪島の伝統工芸漆塗《うるしぬり》工房を訪れました。職人さんと社長さんが、色々と、丁寧に説明してくれました。記念に、輪島塗のお箸をい

ただきました。

その後、能登半島をぐるりと周遊し、〝能登半島の絶景〟と呼ばれている、能登金剛《こんごう》・厳門《げんもん》を、観光遊覧船で、クルーズしました。海に突き出た大きな岩山が、荒波に侵食されてできた、高さ15メートル、奥行き60メートルの貫通洞門《かんつうどうもん》を、くぐったり、岩の間を通り抜けたり、美しい景勝地を、じっくりと体感しました。

次に訪れたのは、〝千里浜なぎさドライブウェイ〟で、海岸沿いに8キロ続く砂浜の上を、車で走る事ができるドライブウェイです。まるで、海の上を走っているかのように感じました。海風も気持ちよかったです。

そして、能登半島にお別れして、石川県、加賀温泉郷《かがおんせんきょう》の片山津温泉に、今、到着したところです。この旅館〝佳水郷《かすいごう》〟は、加賀温泉郷屈指《くっし》の高級旅館です。部屋も高級で、デラックス、景色も最高に素晴らしいです。夕食が、今から楽しみです。

それでは、これから温泉に入ってきます！

けんじ＋ミーちゃん

今日、輪島の神社で、お母さんの健康と長生きを、いっぱいお祈りしました。

北陸・能登半島　3日間の旅　第3日目
平成23年9月28日　加賀温泉郷《かがおんせんきょう》、片山津温泉にて

お母さんへ

お母さんは、元気ですか？　しっかり食事して、お茶も飲んでくださいね。リハビリ体操も、忘れずに、してくださいね。

今日は、北陸の旅の3日目です。朝4時過ぎに起き、温泉に入ってきました。日本海を眺めながら、ゆっくり、のんびり、温泉に入ってきました。

朝食は、7時より、レストランでバイキングです。

今、食べてきました。美味しいものがいっぱい！　豪華な朝ごはんでした。

この旅館、本当に素晴らしいです。パンフレットを見てくださいね。

ミーちゃんが、「今度はお母さんと3人で、来たいわ！」と言っています。

朝食後、部屋から景色を眺め、ゆっくり、のんびり、リラックスしました。

今日の出発は8時45分なので、本当に、のんびりできました。

初めに訪れたのは、日本三名園の〝兼六園《けんろくえん》〟です。専門のガイドさんに案内され、歴史散策と名園散策が、楽しめました。〝美しい！〟の一言です。

次に、世界遺産の合掌造り《がっしょうづくり》の集落〝白川郷《しらかわごう》〟を訪れました。江戸時代のたたずまい、今なお、多くの方々が、生活の場としてこの茅葺《かやぶき》の家々を使っています。郷愁《きょうしゅう》を感じました。

そして、今度は岐阜県の〝飛騨高山《ひだたかやま》〟に、来ています。幾つもの山を越え、岐阜県に入り、そしてまた、山の中を進み、ここ飛騨高山に到着しました。

今日のお天気も快晴で、太陽が微笑んでいます。ドライブして、景色が最高に素晴らしかったです。木々も、山々も、町並みも、みんな、良かったです。

これから、飛騨高山の町を散策します。

手紙は、新幹線で東京に着いてから、出そうと思っていましたが、旅の記念に、ここ、〝飛騨高山〟で、出す事にします。

それでは、これから、町を散策しながら、お店でプリント・アウトしてもらい、郵便局から出します。

北陸、能登半島周遊の旅、お天気に恵まれ、景色が最高に素晴らしかった！　旅館も食事も最高に良かった！　また来たいです！　今度は、お母さんと、3人で、来たいです！

お母さんのお土産を、いっぱい買いました。楽しみに、待っていてくださいね！

10月2日（日）のお昼ごろ、お母さんに会いに行きます。

けんじ

ミーちゃんも、お母さんに会いに行くと言っています。

平成23年10月16日　東京より

お母さんへ

今日、お母さんに笑顔で昼食を食べてもらい、うれしかったです。お母さんは、いつも、完食です！

その後、僕は高速バスで、東京に帰ってきました。

そして父親の介護施設へ急行しました。父は元気でした！

いつものように、顔と手と足を入念に拭いていると、介護スタッフさんが「夕食の時間になります」と、迎えに来てくれました。

その後、僕は家に帰ってきました。

お母さんは、元気ですか？　水分補給を忘れないでくださいね。それに左手を動かしてくださいね。

僕は今、夕食を終え、モーツァルトのクラリネット・コンチェルトを聴きながら、フランスのボルドーワインを味わっているところです。そして、明日からの事を考えています。

明日17日（月）の予定は、浅草ビューホテルで、結婚式の写真撮影をします。その後、東京の下町、浅草界隈《あさくさかいわい》を、ぶらりと散策します。

お昼は、しゃぶしゃぶのコース料理を食べます。その後、浅草の仲見世《なかみせ》を散策し、浅草寺《せんそうじ》で、お参《まい》りします。その後、浅草ビューホテルにチェックインします。夕食は、和食の会席《かいせき》のフルコースを味わう予定です。ホテルの宿泊と、レストランの予約は、すでに、してあります。ホテルの高層階からの眺望《ちょうぼう》は、今から楽しみです。また、会席料理も、楽しみです。翌18日はホテルで、ゆっくり過ごす予定です。

10月19日（水）は、午前中に父親の施設に行きます。そして午後は、区役所で、手続きをします。その後、銀座・日本橋の百貨店で、お母さんのブラウスと、セーターを探します。良いのがあったら、買うので、楽しみに待っていてくださいね。

10月20日（木）から、4日間、北海道を旅行します。さわやかな北の大地、北海道。富良野《ふらの》、美瑛《びえい》、えりも岬《みさき》、知床《しれとこ》半島、層雲峡《そううんきょう》、屈斜路《くっしゃろ》・釧路《くしろ》・阿寒《あかん》湖《こ》、花と大自然とおいしいものを味わってきます。そして、北海道の秋に触れてきます。

宿泊するホテル・旅館は、プリンスホテルをはじめ、3泊とも、豪華ホテルです。景色も食事も、今から楽しみです。それに、北海道の動物、キタキツネ、エゾリス、エゾシカにも会えたらいいですね。また、お母さんには、お土産をいっぱい買ってきます！！！

楽しみに待っていてくださいね！

けんじ

平成23年10月17日　浅草ビューホテルより

お母さんへ

お母さんは、元気ですか？　しっかり食事して、お茶も飲んでくださいね。リハビリ体操も、忘れずに、してくださいね。

僕は今、浅草ビューホテルの部屋で、素晴らしい景色を眺めながら、お母さんに手紙を書いています。

今日、10月17日（月）は、結婚式の写真撮影！　とても緊張しました！　ミーちゃんが、とても、綺麗でした！　お昼は、牛肉のしゃぶしゃぶを食べました。とてもおいしかったです。このレストラン、とてもゆっくりでき、楽しく、おいしかったです！

その後、多くの人で賑《にぎ》わっている浅草の仲見世《なかみせ》商店街を、心ゆくまで満喫《まんきつ》しました…。

浅草寺で、お母さんの健康と長生きを、いっぱい、お祈りしました。

午後2時過ぎ、浅草ビューホテルにチェックインして、今、書いているところです。

今日のお天気は快晴、太陽が輝き、青空が、すがすがしいほどに、きれいでした。

夕食は、午後5時30分から浅草ビューホテルの和食レストランで、会席料理《かいせきりょうり》のフルコースを味わいました。

レストラン受付で、名前を言い、予約した席へ案内されました。椅子もテーブルも、雰囲気も、みな、豪華でした。それに、レストランからの、日本庭園は、なんとも優しく、のどかで、素晴らしかったです。パンフレットを同封しますので、見てくださいね。

料理は、1品1品、どれも、みな、丁寧《ていねい》で、きれいに、そして、おいしかったです。

本当に素晴らしい食事だった！　運ばれてくる料理に胸をわくわくさせ、料理の話をしたり、時には、テーブルの花を見たり、景色を楽しんだり、とても素晴らしい時間でした。

今度はお母さんと一緒に、ここで、食事がしたいです！

ミーちゃんも、「母さんと一緒に食事がしたいわ！」と、今、横で、言っています。

ミーちゃんは、お母さんのことが、大好きです。

それに、「仕事が一段落したら、また、お母さんに会いに行きます！」と、言っています。

豪華な夕食を終え、今、部屋で、フランスのワインを味わいながら、東京の夜景を眺《なが》めています（楽しんでいます）。

お母さんは、元気ですか？　しっかり食事して、お茶も飲んでくださいね！　また、右手や左手を、動かしてくださいね！　プレゼントを楽しみに待っていてくださいね！　けんじ

お母さん、お元気ですか？　ミーちゃんでーす！　また会いに行きますからね！

秋の北海道・花と自然の感動の4日間　第1日目
平成23年10月20日　十勝川《とかちがわ》温泉にて

お母さんへ

お母さんは、元気ですか？　僕は今、北海道に来ています！

羽田空港を出発し、飛行機は東京湾を、ぐるりと周遊し、房総半島を横切り、太平洋に出ました。高度を少しずつ上げながら、千葉県、茨城県の海岸線上を飛行しました。そして雲の上へ。空は真っ青！　太陽がピカピカです。飛行機は、高度11000メートル、時速930キロ（?・）、ほとんど揺れません。飛行機の中で、ビールを飲みました。ミーちゃんと乾杯し、この北海道旅行の見どころについて、話しました。

とても快適な空の旅でした。そして、北海道の新千歳《しんちとせ》空港に到着しました。お天気は快晴、気温は19度、青空が、とてもさわやかです！

新千歳空港より、サラブレッド街道を進み、海岸線沿いに広がる放牧風景を車窓から眺め、ゆっくり、のんびりとした、自然そのものの風景を1時間以上、楽しみました。

バスは、〝襟裳岬《えりもみさき》〟に到着し、お昼なので、レストランに入り、海を眺めながら、豪華なお寿司と石狩鍋をいただきました。ウニ・イクラ・アワビ・カニが、美味しかったです。それに石狩鍋も美味でした。また、海鮮サラダが、もったいないくらい贅沢《ぜいたく》で、おいしかったです。パンフレットを見てくださいね。襟裳岬は、強い風が吹いていました。

昼食後、〝黄金街道《おうごんかいどう》〟を進み、断崖絶壁《だんがいぜっぺき》の海岸線を走りました。それから北海道の真ん中に向かって北上し、大草原や山々の景色を、心ゆくまで満喫《まんきつ》しました。

秋色の景色が本当に素晴らしかったです！　北海道は、大きいですね!!

バスは、午後5時35分、北海道の真ん中にある、この十勝川《とかちがわ》温泉の〝ホテル大平原《だいへいげん》〟に到着しました。このホテルは、テレビに何回も出た、大きく豪華なホテルです。パンフレットを見てくださいね。温泉は〝モール泉〟、すべすべの温泉で、とてもよかったです。

夕食は〝十勝《とかち》のうまいもの御膳《ごぜん》〟です。オードブルから始まった食事は、デザートまで、みんなおいしかったです！　見るからにきれいで、おいしかった！

そして、今、部屋に帰ってきました。

日も暮れ、星が輝く夜空は、神秘的で美しいです！

今、お母さんの健康と長生きを、お星さんにお願いしました！

けんじ＋ミーちゃん

お母さんは、元気ですか？　しっかり食事して、お茶も飲んでくださいね。

秋の北海道・花と自然の感動の4日間　第2日目
平成23年10月21日　十勝川《とかちがわ》温泉から層雲峡《そううんきょう》温泉へ

お母さんへ

お母さんは、元気ですか？　しっかり食事して、お茶も飲んでくださいね。

僕は今、北海道の真ん中にある、十勝川温泉に来ています！　今日は、旅行2日目です。

朝5時に起き、温泉に入ってきました。小鳥のさえずりを聞きながら、のんびり、ゆったり、温泉に入ってきました。とても良かったです。

朝食は、豪華なバイキング、おいしかったです。今日、旅行2日目は、盛りだくさん！

いっぱい、観光してきます！　それでは、行ってきます！


朝7時40分にホテルを出発しました。お天気は快晴で、すがすがしいです。

初めに、狩勝峠を通り、富良野《ふらの》のお花畑を訪れました。ここは、北海道で一番有名なお花畑で、赤・黄・白・ピンク・青・紫の花が、まるでジュータンのように、咲き誇っていました。広大な敷地に、お花がいっぱい、なんてきれいなんだ！　と、つくづく感じました。

そのほか、植物園がいくつもあり、また、お土産店もあり、ゆっくり散策しました。とても楽しかったですよ。そうそう、ミーちゃんが、「今度、お母さんと一緒にこのお花畑に来たいわ！」と、言っていました。お母さん、いいですか？

ミーちゃんは、お母さんのことが、大好きです！

お昼になり、レストラン〝フラノーブル〟で、サンドイッチを食べました。それに、ミーちゃんお手製の酢の物も、みんなおいしかったです。昼食後、おみやげ店で、メロンのお菓子を買いました。お母さん、楽しみに待っていてくださいね！

そして富良野《ふらの》駅から美瑛《びえい》駅まで40分、電車に乗りました。とてものどかで良かったです。

次に、美瑛にある〝四季彩《しきさい》の丘〟を訪れ、丘を染める花々を、心ゆくまで満喫《まんきつ》しました。あたり一面、右も左も、丘が、花のジュータンのようになっていて、とてもきれいでした。

そして、北海道の山と草原を走り、大雪山《だいせつざん》国立公園の渓谷《けいこく》にたたずむ、層雲峡《そううんきょう》温泉に、午後5時20分に到着しました。このホテルは、高級リゾートホテルで、温泉も食事も素晴らしいと評判のホテルです。パンフレットを見てくださいね。

これから温泉に入ってきます。今入ってきました。温泉も良かったし、庭園も良かったです。また、大雪山国立公園の渓谷を楽しみました。

これから夕食です。海の幸・山の幸をふんだんに使った、豪華なフルコースです。

みんなおいしかったです！　今、部屋でワインを味わっています。今日、大雪山の神様に、お母さんの健康と長生きを、いっぱいお祈りしました。

けんじ＋ミーちゃん

秋の北海道・花と自然の感動の4日間　第3日目
平成23年10月22日　屈斜路《くっしゃろ》プリンスホテルにて

お母さんへ

お母さんは、元気ですか？　しっかり食事して、お茶も飲んでくださいね。リハビリ体操も、忘れずに、してくださいね。

今日は、旅行3日目です。朝5時過ぎに起き、温泉に入ってきました。ゆっくり、のんびり、大雪山の渓谷にたたずむリゾートホテル、本当に素晴らしいです。

朝食は、6時45分より、バイキングで、美味しかったです。お腹いっぱい食べました。

今日は、これから北海道を大きく周遊します！　それでは、行ってきます！

朝8時に層雲峡《そううんきょう》国立公園の温泉リゾートホテルを出発し、石北峠《せきほくとうげ》を通り、広大な樹海《じゅかい》を眼下に望み、さらに山を越え、草原を走り、北海道の北のオホーツク海に出ました。お天気も良く、風もあり、海の香り、潮の香りもさわやかでした。

初めに訪れたのは、〝小清水原生花園《こしみずげんせいかえん》〟という、オホーツク海の海岸線に広がる天然のお花畑です。天然のお花畑？　その通りです。人が種をまいたり、水をやったり、管理したりせず、すべてが自然のままのお花畑です。海岸の砂地に、花が咲いているんです。とても、不思議な感じがしました。パンフレットを見てくださいね。

お昼はバスの中で、サンドイッチを食べました。みんなおいしかったです。

次に、知床半島《しれとこはんとう》へ行きました。そして、有名な〝オシンコシンの滝〟を訪れました。

きれいな滝でした。それから、知床五湖を高架木道で、湖畔を散策しました。これも、さわやかな空気に包まれ、楽しかったです。

それから、知床半島を縦断《じゅうだん》し、南の〝羅臼《らうす》の町〟を訪れました。漁業の町で、のどかで、良かったです。そして、さらに南へ、さらに内陸へと進みました。

午後7時、空は暗くなり、屈斜路《くっしゃろ》温泉の、屈斜路プリンスホテルに到着しました。

大きなホテルで、すごく立派です！　パンフレットを見てくださいね。

すぐに温泉に入りました。やわらかい泉質で、さらさら、気持ちよかったです。

これから夕食です。

今、食べてきました。さすがプリンスホテルの夕食！　料理人が何人も、その場で料理して、カニもエビもお刺身も、ローストビーフも。豪華な料理がいっぱい！　どれも、みんな、おいしかったです。今、部屋でゆったり、ワインを味わっています。

けんじ＋ミー♥

今日、知床半島で、お母さんの健康と長生きを、いっぱいお祈りしましたよ。

秋の北海道・花と自然の感動の4日間　第4日目
平成23年10月23日　屈斜路《くっしゃろ》プリンスホテルにて

お母さんへ

朝4時50分に目が覚めました。すぐに温泉大浴場へ行き、ゆったり、のんびり、温泉に入ってきました。朝の温泉は、本当にいいですね！〝生きていて、良かった！〟と感じます。

朝食は7時から豪華バイキング！　いろいろ、たくさん食べました。どれも、見るからにきれいで、おいしかったです！　朝からお腹いっぱい食べました。大満足です！

ところで、お母さんは、元気ですか？　しっかり食事して、お茶も飲んでくださいね。

北海道旅行、今日は4日目です。毎日お天気に恵まれ、今日も〝晴れ〟との天気予報です。

朝食後、屈斜路湖《くっしゃろこ》の湖畔を散歩しました。七色の太陽光線が、朝露《あさつゆ》に光り、とてもきれいでした。湖も木々も空気も、みんな、新鮮できれいです。

今日の予定は、8時15分にプリンスホテルを出発し、霧《きり》の湖《みずうみ》〝摩周湖《ましゅうこ》〟を訪れます。

次に、雄大な釧路湿原国立公園《くしろしつげんこくりつこうえん》を訪れます。そして、鶴居村《つるいむら》で国の天然記念物の丹頂鶴《たんちょうづる》を見たいと思っています。お昼は豪華なスーパーサンドイッチを食べる予定です。その後、阿寒湖《あかんこ》、足寄《あっしょろ》を回り、十勝平野のドライブを楽しみます。

20時25分の飛行機で、北海道を離陸し、羽田に帰ってくる予定です。

今日も、見どころが、いっぱいです！

それでは、これから、プリンスホテルを出発します（手紙は、ここ、プリンスホテルから送ります。それにパンフレットがいっぱい！　楽しんで見てくださいね！）。

お母さん、おみやげを楽しみに待っていてくださいね。


この4日間、大きな北海道をぐるりと周遊し、北海道の大自然を、あます事なく満喫しました。

花もきれいだった！　オホーツク海もきれいだった！　知床《しれとこ》半島も良かった！

襟裳《えりも》岬《みさき》も良かった！　大雪山《だいせつざん》国立公園も良かった！　海も山も草原も、みんな、良かった！

それに、ホテルも食事も、みんな、良かったです！

旅はまだまだ続きます。北海道旅行4日目、これから、出発進行です。

それでは、これから、行ってきまーす。

けんじ＋ミーちゃん

ミーちゃんが、「今度はお母さんと一緒に旅行がしたいわ！」と、言っています。

平成23年12月1日　東京より

お母さんへ

今日、お母さんに笑顔で昼食を食べてもらい、うれしかったです。お母さんは、いつも、完食です！

その後、僕は新幹線で、東京に帰ってきました。

東京駅は、たくさんの人で、混雑していました。きっと、月初めだからかもしれませんね。すぐに乗り換えて、父親の介護施設へ行きました。

大好きな〝たい焼き〟を持っていったので、父はいつも以上に喜んでくれました。

そして、いつものように、顔と手と足を入念に拭きました、鼻や目や耳も、そして、ひげ剃りもしました。また、話す練習もしました。お父さん、笑顔が多くなりました。

夕方5時過ぎに、家に帰ってきました。

お母さんは、元気ですか?

しっかり食事して、お茶も飲んでくださいね。それに、左手を動かしてくださいね。

僕は今、夕食を終え、モーツァルトのピアノ・コンチェルトを聴きながら、フランスブルゴーニュ地方の赤ワインを味わっているところです。まろやかで、優しく、女性のようなワインです。

そして、明日からの山陰《さんいん》・山陽《さんよう》・瀬戸内海《せとないかい》、5日間の旅、に夢をめぐらせています。〝世界遺産《せかいいさん》、安芸《あき》の宮島《みやじま》・厳島神社《いつくしまじんじゃ》〟をはじめ、萩《はぎ》の町、津和野《つわの》の町、錦帯橋《きんたいきょう》、青海島《おうみしま》を観光してきます。そして、瀬戸内海の島々を周遊し、クルージングしてきます。

今から楽しみです！

昼ごろの飛行機で羽田空港を出発し、広島に午後1時ごろ、到着予定です。

飛行機に乗る前に、ミーちゃんが作ってくれるお弁当を羽田空港で食べます。

山陰、山陽の、美しいもの、おいしいものを5日間、心ゆくまで味わいます。

また、お母さんには、お土産《みやげ》をいっぱい買ってきますからね！！！

楽しみに待っていてくださいね。

けんじ

山陰《さんいん》・山陽《さんよう》・瀬戸内海《せとないかい》　5日間の旅　第1日目
平成23年12月2日　グランド・プリンスホテルより

お母さんへ

お母さんは、元気ですか？　しっかり食事して、お茶も飲んでくださいね。

僕は今、ミーちゃんと広島に来ています！

今日から5日間、山陰《さんいん》・山陽《さんよう》・瀬戸内海《せとないかい》をぐるりと周遊します。〝世界遺産《せかいいさん》、安芸《あき》の宮島《みやじま》・厳島神社《いつくしまじんじゃ》〟をはじめ、萩《はぎ》の町、津和野《つわの》の町、松陰神社《しょういんじんじゃ》、秋吉台《あきよしだい》、角島《つのしま》、下関《しものせき》、関門海峡《かんもんかいきょう》、門司港《もじこう》、そして、瀬戸内海の島々を観光します。


今日は旅行の第1日目、羽田空港を出発し、広島空港へと空の旅、富士山がとてもきれいでした。それに、南アルプスも中央アルプスも雪の帽子をかぶり、きれいでした。

また、スチュワーデスの女性が、〝お母様によろしくお伝えください！〟と言い、飛行機の絵はがきとキャンディーをくれました。お母さん、楽しみに待っていてくださいね。

広島空港に到着後、すぐに、〝安芸《あき》の宮島《みやじま》〟を訪れました。そして、ロープウェイで、宮島・弥山《みせん》山頂へ上がり、宮島と瀬戸内海の絶景を、心ゆくまで満喫しました。本当に素晴らしかったです！

パンフレットを見てくださいね。今日もたくさんの観光客でいっぱいでした。

その後、安芸の宮島からフェリーで〝グランド・プリンスホテル広島〟に到着しました。とても大きく立派なホテルで、きれいです。パンフレットを見てくださいね（去年の6月と9月の旅行で、このホテルに宿泊し、とても気に入っています）。

すぐに、温泉大浴場へ行き、のんびり、ゆったり、入浴してきました。よかったですよ！夕食は〝豪華なバイキング料理！〟でした。エビの料理がいろいろあり、どれも素晴らしくおいしかったです。それに、新鮮なお刺身を、心ゆくまで味わいました。

今、部屋で、フランスのボルドーワインを味わいながら、素晴らしい景色を楽しんでいます。グランド・プリンスホテルは、パンフレットにあるように、高層タワーのデラックスホテルです。部屋の大きな窓一面から、瀬戸内海が一望できます。まさに、息を呑むような、素晴らしい景色が、広がっています。今、横でミーちゃんが、「今度は、お母さんと一緒に旅行がしたいわ」と言っています。お母さん、いいですか？

今日、世界遺産の〝安芸の宮島・厳島神社〟で、お母さんの健康と長生きを、たくさんお祈りしてきました！

けんじ＋ミーちゃん

山陰《さんいん》・山陽《さんよう》・瀬戸内海《せとないかい》　5日間の旅　第4日目
平成23年12月5日　グランド・プリンスホテルより

お母さんへ

お母さんは、元気ですか？

僕は今、広島の〝グランド・プリンスホテル〟で、書いています。

山陰《さんいん》・山陽《さんよう》をぐるっと周遊してきました。パンフレットを見てくださいね。

このホテルは、大きく、立派で、高層タワーの高級ホテルです。部屋はきれいです。それに窓からの景色が最高に素晴らしいです！　瀬戸内海《せとないかい》が、一望《いちぼう》できます。この部屋にいるだけで、わくわくします、そして、来て良かったな、と思います。

今日は、朝5時に目が覚め、ずっと、窓から景色を眺めていました。心が癒される…、そんな風景です。

朝食は6時30分から、豪華バイキングです！　いっぱい食べました、おいしかったです。

ところで、お母さんは、元気ですか？　しっかり食事して、お茶も飲んでくださいね。

今日は旅行4日目、少しゆっくりして、8時にホテルを出発します。


＝＝＝＝＝＝＝＝＝＝＝＝＝＝＝＝＝＝＝＝＝＝＝＝＝

旅行第1日目の手紙は、もう届いた事だと思います。世界遺産《せかいいさん》の安芸《あき》の宮島《みやじま》・厳島神社《いつくしまじんじゃ》は、素晴らしかったですよ。もし時間があるなら、もう一度、旅行1日目の手紙を見てくださいね。

旅行2日目は、山口県の北西端の島、日本海に浮かぶ北長門《きたながと》海岸国定公園の〝角島《つのしま》〟を観光しました。角島は、エメラルド・グリーンの海が本当にきれいでした！

次に山口県中央部、秋吉台の地下に発達する大鍾乳洞の秋芳洞《しゅうほうどう》へ行きました。そして、石灰岩台地《カルスト》の秋吉台《あきよしだい》へ上がり、自然の造形美と不思議さを、心ゆくまで感じてきました。また、秋吉台科学博物館で秋吉台に関するビデオを見ました。とても興味深かったです。

次に山口県で一番有名な、松陰《しょういん》神社を訪れました。吉田松陰《よしだしょういん》ゆかりの地です。

その後、萩《はぎ》市内を散策し、萩武家屋敷《はぎぶけやしき》も見学しました。この時、可愛いワンちゃんに出会いました。ミーちゃんを見ると、しっぽを振り、うれしそうに〝ワン！〟と鳴き、ミーちゃんに、べったりと寄り添いました！　しっぽの回転が、すごかったです！

次に、〝萩焼きの工房〟を訪れました。とても楽しかったですよ。

松陰神社で、お母さんの健康と長生きを、いっぱいお祈りしてきました！

お母さんの健康が、一番大切ですからね！

けんじ＋ミーちゃん

＝＝＝＝＝＝＝＝＝＝＝＝＝＝＝＝＝＝＝＝＝＝＝＝＝＝

旅行3日目は、島根県南西端部へと、快適なバスの旅をしました。小さな町や村、畑や田んぼ、山の中へと進み、山陰《さんいん》の小京都《しょうきょうと》と呼ばれている〝津和野《つわの》〟の町に到着しました。とても景色が良かったですよ！　そしてこの町は山に囲まれた城下町で、当時の面影をきれいに残しています。

また、森鷗外《もりおうがい》の生まれた町としても有名です。すぐに森鷗外記念館を訪れ、じっくり見学してきました。それから、和紙工房を訪れたり、日本酒をつくっている造り酒屋を見学したり、とても楽しかったです。

お母さんに、和紙の人形とあんこの和菓子を買いました。

津和野《つわの》を出発し、山道を南へ進み、六日市《むいかいち》の町から〝中国自動車道〟に乗り、さらに広島自動車道と山陽《さんよう》自動車道を乗り継ぎ、瀬戸内海に面した〝尾道市《おのみちし》〟に到着しました。高速道路からの景色は、とてものどかで良かったですよ。そして、尾道の町を散策しました。

その後、一直線にここグランド・プリンスホテルに帰ってきました。

＝＝＝＝＝＝＝＝＝＝＝＝＝＝＝＝＝＝＝＝＝＝＝

旅行4日目の今日は、瀬戸内海の島巡《しまめぐ》りをします。

広島県尾道市《おのみちし》より、四国の愛媛《えひめ》県今治《いまばり》市を結ぶ〝しまなみ海道《かいどう》めぐり〟、島を結ぶ空中散策《さんさく》の橋、大きな島、小さな島、そして、それぞれの島を訪れます。

海の景色、島の景色、島の生活を感じてこようと思っています。そして、しまなみ海道で訪れた島々で、お母さんの健康と長生きを、たくさんお祈りします！

そして、四国の愛媛《えひめ》県今治《いまばり》に到着し、町を散策するつもりです。

お昼はレストランで、〝海の幸の宝物のような、素晴らしい料理〟と、パンフレットに書いてあった、鱧《はも》料理のフルコース、鱧御膳《はもごぜん》の会席《かいせき》料理を味わいます。すでに予約をしてあるので、今から楽しみです！

そして、今治《いまばり》より広島県尾道市《おのみち》へ、今度は、瀬戸内海クルージングです！　ゆったり、のんびり、船からの景色を楽しむつもりです。

それでは、これから行ってきます！

けんじ＋ミーちゃん

明日、旅行5日目は、広島市内を、思う存分散策します。

12月9日（金）のお昼ごろ、帰ります。

ミーちゃんが、「お母さん、また会いに行きますよ！　待っていてくださいね！」と、言っています。

お母さんへ

平成24年1月14日　東京より

昨日、お母さんに笑顔で昼食を食べてもらい、うれしかったです。お母さんは、いつも、完食です！　その後、僕は新幹線に乗り、東京に帰ってきました。

東京駅は、たくさんの人で、混雑していました。きっと、週末の始まる金曜日だからかも知れませんね。すぐに父親の介護施設へ、大好きな〝たい焼き〟を持っていきました。とても喜んでくれました。

そして、いつものように、目、鼻、耳、顔、手、足を入念に拭きました。ひげ剃りもしました。また、話す練習もしました。今日も、いっぱい、笑ってくれました。よかった！

そして、夕方6時過ぎに、家に帰ってきました。

お母さんは、元気ですか？　しっかり食事して、お茶も飲んでくださいね。

今日、1月14日㈯は、朝食後、ミーちゃんと一緒に父親の介護施設へ行きました。そしていつものように、顔と手と足を入念に拭きました。絵を描く練習もしました。

父は体の調子もよく、ニコニコしていました。

お母さん、知っていますか？　お父さんはミーちゃんと話す時、恥ずかしそうに、うれしそうに話します…。何とも、微笑ましいです。

その後、僕とミーちゃんはお昼を食べに銀座へ行きました。

銀座のいつものスペイン料理のレストランで、パエリアのコース料理を味わいました。

パエリアも美味しいのですが、牛肉のクリームソース煮込み料理が、素晴らしく美味しいんです！　パエリアを注文してから出来上がるまで約45分、その間に、季節のサラダと牛肉のクリームソース煮込み料理、それに焼き立てのパンが運ばれてきます。

ミーちゃんは、「この牛肉、やわらかくて美味しいわ！　それに、クリームソースもとっても美味しいの！」と。それに「今度は、お母さんと来たいわ！」と言っています。お母さん、いいですか？　ミーちゃんは、お母さんのことが、大好きです！

今日のお天気は、太陽が輝き、さわやかで、すがすがしいです。

その後、銀座と日本橋を散策しました。百貨店のブティックで、いつものようにお母さんのブラウスを探しましたが、今回も、気に入るのが見つかりませんでした。次回は、買うぞー！　期待して、待っていてくださいね。

僕は今、家に帰ってきて、フランスのチーズとボルドーワインを味わっているところです。

そして、明日からの〝沖縄デラックス5日間の旅〟に、想いをめぐらせています。

1月の平均気温が21度の沖縄、青い空、エメラルド・グリーンの海、景色も食事も、今から楽しみです。5日間の旅行、ホテルは、すべてAランクのリゾートホテルです。

それでは、明日から沖縄に行ってきます。もちろん、ミーちゃんも一緒です。

お母さんには、お土産をいっぱい買ってきます！　待っていてくださいね！

けんじ

沖縄　デラックス5日間の旅　第1日目

平成24年1月15日

お母さんへ

お母さんは、元気ですか？　しっかり食事して、水分補給もしてくださいね。それに、左手をたくさん動かしてくださいね！

僕は、朝食を済ませ、準備もできました。これから沖縄へ行きます。朝9時の東京の気温は7度ちょうど、少々寒いです。

天気予報では、沖縄は、〝晴れ〟とのこと。それでは、これから行ってきま〜す。

羽田空港から、飛行機で2時間30分の空の旅。とても快適でした。

それにスチュワーデスさんが、いろいろと親切にしてくれました。そして、「お母さまによろしくお伝えください！」と言い、絵はがきと、飛行機グッズをくれました。

そして沖縄の那覇《なは》空港に到着しました。空は真っ青、太陽が輝き、気温は23度、すがすがしいお天気です。冬と言うより、春または初夏と言ったところです。暖かいです。

今朝、家を出て、羽田空港に行く時、僕は、スーツに、マフラーと、コートを着ていました。でも、沖縄に着いてからは、ワイシャツ1枚です。冬のスーツは着ていられません。

沖縄の暖かさに、びっくりしました。

そして、空港を出発し、那覇《なは》市内を散策しました。一番のメイン通り〝国際通り《こくさいどお》〟の、お店を見てまわりました。戦後、アメリカ領となり、アメリカに統治され、今から30年少し前に日本領となるまで、日本文化・アメリカ文化・琉球文化が、沖縄の中で、複雑に絡《から》み合って、発展してきたように感じられました。

何はともあれ、〝国際通り〟を、興味津々《きょうみしんしん》と、歩きました。昔なつかしい、〝抱《だ》っこちゃん〟や〝キューピーさん〟それに〝フラフープ〟や〝ベイゴマ〟も、売っていました。どの店も賑わっていました。

また、沖縄の台所と呼ばれている、〝牧志市場〟へも行ってきました。一般の人も買い物ができるので、観光客の人も、いろいろと買っていました。

そして、那覇から約100キロの恩納村《おんなそん》のホテルに、今、到着しました。このホテルは、沖縄海岸国定公園内に位置するリゾートホテルで、目の前にビーチが広がっています。

ホテルは、とても大きく、立派です。パンフレットを見てくださいね。

部屋からは、オーシャンビュー、青い海と青い空、そしてピカピカに輝く太陽しかありません。とても素晴らしい景色です！

テラスに出ると、南国の〝やさしい風〟を感じます。少しの間、この景色を見ていました。

今日の夕食は、和食、洋食、琉球料理、の3つのレストランから選べます。

何を食べようかなぁ？　それでは、夕食に行ってきます。

けんじ＋ミーちゃん

沖縄　デラックス5日間の旅　第2日目

平成24年1月16日

お母さんへ

僕は今、沖縄に来ています。部屋からの景色は、オーシャンビュー、青い海と青い空、それにピカピカの太陽！　さわやかで、新鮮、そして、やさしい空間です。

今、朝食をしてきたところです。80種類の琉球バイキングで、サラダや野菜料理、卵料理、ハム・肉料理、それにパンやデザート。飲み物も、沖縄独特のもので、甘かったり、スパイスが効いていたり、トロピカルな味でおいしかったです！

沖縄は、朝と夜の温度差は、あまりありません。今日も朝から17度、暖かいです。

旅行2日目の今日は、見所いっぱいです。沖縄を、ぐるりと半周します。

朝8時にホテルを出発し、〝沖縄フルーツランド〟へ行きました。ここは、パイン、パパイヤ、マンゴー、ドラゴンフルーツを始め、南国のトロピカルフルーツが、木にいっぱい実っていました。試食もしました、どれもみんなおいしかったです。

次に、〝備瀬《びせ》フクギ並木《なみき》〟を訪れました。木の枝が、あちこちに曲がり、何とも幻想的《げんそうてき》な世界を感じました。今、流行りのパワースポットかもしれませんね。

そして海岸線に沿って走り、海洋博《かいようはく》公園の〝沖縄美《ちゅ》ら海《うみ》水族館〟へ、行きました。ここは、とても有名な水族館で、巨大な水槽に、ジンベイザメやマンタなど、南洋の大きな魚が、泳いでいるのを、目の前に見られ、迫力満点でした。パンフレットを見てくださいね。

ここのレストランで、お昼のランチを食べました。ボリューム満点でおいしかったです。

そして、再び海岸線に沿って走り、屋我地島《やがじじま》を車窓から眺め、古宇利《こうり》大橋を渡り古宇利島《こうりじま》を訪れました。青い海の上を、飛んでいるかのようでした。そして、エメラルド・グリーンの絶景に、思わず息を呑みました！　なんて、きれいなんだろう！

今度は、沖縄本島を横断し、沖縄本島で最大のマングローブを見に、〝慶佐次のヒルギ林〟へ行きました。南のジャングルと言ったような趣《おもむき》で、木々が川の中から、生《お》い茂《しげ》っていました。

そして、南に50キロ、名護市、宜野座村、金武町、沖縄市を通りながら、景色を心ゆくまで楽しみました。そして、今、ホテルに到着しました。このホテルは、８万坪の敷地を有する沖縄最大級のリゾートホテルです。パンフレットを見てくださいね。

これから、夕食です。どのレストランにしようか、迷ってしまいます。みんな高級でおいしそうです。それでは、食べに行ってきます！

今日は、たくさん観光しました。全部良かったです。それに、景色も素晴らしかったです！

お母さんは、元気ですか？　しっかり食事して、水分補給をしてくださいね。それに、左手をたくさん動かしてくださいね！　また、書きます。

けんじ＋ミーちゃん

沖縄　デラックス５日間の旅　第３日目

平成24年1月17日

お母さんへ

お母さんは、元気ですか？　しっかり食事して、水分補給をしてくださいね。それに、左手をたくさん動かしてくださいね！

僕は、ミーちゃんと沖縄に来ています。今日は旅行３日目、朝から太陽が微笑み、空は真っ青、透き通るような青で、新鮮さを感じます。

今、朝食を食べてきました。琉球料理のバイキングで、おいしかったです！

テレビの天気予報では、今日は晴れ、最高気温は22度とのことです。

それでは、これから、行ってきまーす。

朝8時にホテルを出発しました。そして、世界遺産の〝勝連城跡《かつれんじょうあと》〟を訪れました。お天気が良いので、景色が最高でした。それに勝連城跡に、緑の芝生が、まるでジュータンのように、空と海の青色と共に、絵画のように、きれいでした。

次に、〝ぬちうなー〟という、塩の工場を見学しました。海水から塩を作るのは、たいへんだなぁー、と、つくづく思いました。

そして、高速道路と一般道を通り（お母さんは、沖縄に高速道路があるのを知っていますか？）、そして南へと走り、〝おきなわワールド〟を訪れ、お昼を食べました。この時、観光バスやタクシーで、たくさんのお客さんが来て、ものすごく、にぎわっていました。

次に、琉球ガラス村へ行きました。ここでは、鮮やかな色の琉球ガラスの工房があり、職人さんが芸術作品を作っていました。僕は、お母さんの〝箸置《はしお》き〟を作ってもらいました。今回は沖縄の海を表す、鮮やかな緑色（エメラルド・グリーン）で、とてもきれいです！　お母さん、楽しみに待っていてくださいね。

そして、海岸線を約10キロ北上し、〝沖縄の聖地〟といわれている高台にある御所を訪れました。海を見渡し、聖なる空気を感じました。

そして、海岸線に沿って走り、与那原《よなばる》町、南風原《はえばる》町、那覇《なは》市を通り、北中城村《きたなかぐすくそん》のホテルに着いたところです。このホテルは、沖縄中部の小高い丘陵《きゅうりょう》に立つリゾートホテルで、大きく立派です。パンフレットを見てくださいね。


今日もお天気に恵まれ、景色が最高でした！　それに訪れたところ、みんな良かったです！

これから夕食です。それでは、レストランに行ってきます。

今、食べてきました。琉球御膳のフルコースで、どれもみんな、おいしかったです。

夕食後〝琉球舞踊《りゅうきゅうぶよう》と島唄《しまうた》〟を観覧《かんらん》してきました。とても良かったです。それに民族衣装が、素敵でした！　今日も素晴らしい一日でした。おやすみなさい。

けんじ＋ミーちゃん

今日、沖縄の聖地で、お母さんの健康と長生きを、いっぱい、お祈りしました！

沖縄　デラックス5日間の旅　第4日目
平成24年1月18日

お母さんへ

お母さんは元気ですか？　しっかり食事しましたか？　水分補給は忘れないでくださいね。

今日は沖縄《おきなわ》旅行の第4日目です。毎日、お天気に恵まれ、〝素晴らしい旅行〟をしています。

日中の気温は、18度～23度で、暖かいです。

今、朝食をしてきました。琉球《りゅうきゅう》料理のバイキングで、おいしかったです。もう、すっかり沖縄の味が好きになりました！　本当においしいです。


朝8時にホテルを出発しました。

観光バスの車窓からは、沖縄の景色を楽しみました。家並みも、町並みも、植物も、沖縄独特で、とても良かったですよ。

一番初めに訪れたのは、世界遺産の〝首里城《しゅりじょう》〟です。琉球《りゅうきゅう》王国の都《みやこ》です。赤と白の宮殿《きゅうでん》は、見るからに素晴らしいものでした！　たくさんの観光客で、にぎわっていました。

宮殿入口に、琉球民族衣装をまとった女性がいて、写真撮影に、にこにこしていました。

また、宮殿からは、町並みが一望でき、少しの間、その風景を眺めていました。とても、おおらかで良かった、それに海まで見渡せます。本当に景色が素晴らしかったです！

それでは、これから、郵便局に行きます。今日の手紙とパンフレットを同封します。


沖縄、デラックス5日間の旅……とてもゆったり、素晴らしい時間です。

旅行は、まだまだ続きます！

お母さんには、お土産《みやげ》いっぱい！　楽しみに待っていてくださいね！

それに、お母さんの健康と長生きを、世界遺産の〝首里城《しゅりじょう》〟で、いっぱい、お祈りしてきました！

けんじ＋ミーちゃん

お母さん、お元気ですか？　ミーちゃんです！　お母さんのおみやげ、いっぱい買いましたよ。期待して待っていてくださいね！　ミーちゃんも、早く、お母さんに会いたいです！

お母さんのことが大好きなミーちゃんより。

追伸：沖縄第一日目の手紙、二日目の手紙、三日目の手紙は、もう届いた事と思います。パンフレットの説明文も、一生懸命書いたので、是非、何回も読んでくださいね。

平成24年2月1日　東京より

お母さんへ

今日、お母さんに笑顔で昼食を食べてもらい、うれしかったです。お母さんは、いつも、完食です！

その後、僕は新幹線に乗って、東京に帰ってきました。

東京駅は、いつものように、たくさんの人で、混雑していました。

すぐに、父親の介護施設へ行きました。大好きな〝たい焼き〟を持っていったので、とても喜んでくれました。

そして、いつものように、顔と手と足を入念に拭きました。ひげ剃りもしました。また、話す練習もしました。とても良かったです！　今日も父は、いっぱい笑ってくれました。

午後6時過ぎに家に帰ってきました。そして近くの温泉銭湯に行き、ゆっくり温泉を楽しみました。

お母さんは、元気ですか？　しっかり食べて、水分補給も忘れないでくださいね！

僕は今、夕食を終え、モーツァルトのクラリネット・コンチェルトを聴きながら、フランスのボルドーワインを味わっているところです。そして、明日からの事を考えています。

明日、2月2日から、4日間、北海道を旅行します。〝北海道デラックス周遊4日間の旅〟です。

訪れる予定地は、トマムのアイスパビリオン（氷のドーム、氷の大きな建物、氷の部屋など）、それに、美瑛《びえい》・色彩《しきさい》の丘、〝ペンギンのお散歩や白クマ〟で有名な旭山《あさひやま》動物園、札幌のホワイト・イルミネーション（雪のお祭りを体感します）、そして札幌《さっぽろ》市内を散策します。そして3日目は、羊蹄山《ようていざん》、洞爺湖《とうやこ》を観光し、4日目は昭和新山《しょうわしんざん》、支笏湖《しこつこ》を観光します。

一泊目のホテルは、北海道の中央の〝アルファリゾート・トマムのザ・タワー〟です。

超高層ホテルで、景色が今から楽しみです。

二泊目のホテルは、札幌エクセルホテルです。

三泊目のホテルは、洞爺湖《とうやこ》温泉郷《おんせんきょう》の〝洞爺湖万世閣《まんせいかく》、レイクサイドホテル〟です。

ホテルは、すべて、Aランクの高級ホテルです。景色も食事も、今から楽しみです。

そして北海道の動物、キタキツネ、エゾリス、エゾシカにも会えたらいいですね。

また、お母さんには、お土産《みやげ》をいっぱい買ってきます！！！

楽しみに待っていてくださいね！

けんじ

北海道デラックス周遊4日間の旅　第1日目
平成24年2月2日　アルファリゾート・トマムのザ・タワーにて

お母さんへ

お母さんは、元気ですか？

僕は今、ミーちゃんと一緒に北海道に来ています！

羽田空港を出発し、飛行機は東京湾を一回、ぐるりと周遊し、房総半島を横切り、太平洋に出ました。高度を少しずつ上げながら、千葉県、茨城県の海岸線上を飛行しました。そして雲の上へ。空は真っ青！　太陽がピカピカ！　です。

飛行機は、高度1100メートル、時速920キロ、ほとんど揺れません。お昼は飛行機の中でサンドイッチを食べ、ビールとワインを味わいました。おつまみもくれました。

スチュワーデスさんが親切で、景色の説明もしてくれました。とても快適な空の旅でした。

そして、北海道の新千歳《しんちとせ》空港に到着しました。

お天気は快晴、気温は氷点下5度、寒いですが、すっきりさわやか、青い空がきれいです！

新千歳空港より、夕張《ゆうばり》の竜仙峡《りゅうせんきょう》へ行き、大小無数の滝と奇岩の景勝地《けいしょうち》を車窓より楽しみました。また、雪の山々を、心ゆくまで満喫しました。

北海道は、大きいですね！　空も大きい！　大地も大きい！　本当に雄大な北海道です！

夕張の竜仙峡を観光してから、十勝《とかち》を通り、トマムのホテルへと周遊してきました。冬色の景色が本当に素晴らしかったです！　雪で真っ白、白銀の世界です！

ここトマムは、北海道の中央やや下で、雪山に囲まれた温泉リゾート地です。

このホテル〝アルファリゾート・トマムのザ・タワー〟は、地上36階、１２１メートルの高層ホテルです。２年前の10月18日も、このホテルに宿泊しました。

今、温泉に入ってきました。のんびり、ゆったり、リラックスでき、とても良かったです！〝木林の湯〟という温泉で、大きく立派で、きれいです。ホテルのパンフレットを見てくださいね。これから夕食です。地元の十勝の牛肉と豚肉を使った〝特選会席料理〟のフルコースを味わいます。

今、ホテルのレストランで食べてきました。十勝牛の岩盤プレート焼き、そして十勝ポークの昆布だししゃぶしゃぶ、清流の川魚のお刺身を始め、オードブルも、前菜も、デザートも、みんなおいしかったです！　前回同様、目にも楽しく、おいしかったです！

今、部屋に帰ってきました。ミーちゃんと一緒に、北海道ワインを味わいながら、星の輝く大きな空を眺めています。

お母さんの健康と長生きを、お星さんにお願いしましたよ！

けんじ＋ミーちゃん

北海道デラックス周遊4日間の旅　第2日目
平成24年2月3日　アルファリゾート・トマムより　札幌エクセルホテルにて

お母さんへ

朝5時に目が覚めました。まだ暗いですが、さわやかな予感がします。すぐに温泉大浴場へ行き、ゆったり、のんびり、温泉に入ってきました。朝の温泉は、本当にいいですね！〝生きていて、良かった！〟と、感じます。

朝食は6時30分から和食・洋食・中国料理の豪華バイキング！　いろいろ、たくさん食べました。どれも、見るからにきれいで、おいしかったです。朝からお腹いっぱい食べました、大満足です！　ところで、お母さんは、元気ですか？　しっかり食事して、しっかりリハビリをしてくださいね、お願いします！

今日は、朝7時30分にホテルを出発しました。〝トマム〟より約60キロ、雪の山々や雪の大草原を北上し、北海道の中央に位置する〝花の町、富良野〟を訪れました。

去年の9月と10月に訪れた時は、右に左に、紅葉した山々と赤・白・黄色の花々が、ジュウタンのように一面に咲き誇り、びっくりするほどきれいでした。

でも、今日は真冬の2月3日、こんな雪の世界にお花が？　フラワーガーデンを訪れると、色《いろ》鮮《あざ》やかな花が、温室の中で、きれいに咲いていました。とても感動しました。

今日もお天気が良く、太陽が輝き、空は真っ青です！　気温は、朝、氷点下10度まで下がりましたが、お昼ごろは、暖かくなると、天気予報で、言っていました。

お昼は富良野のレストランで、本場のジンギスカンを味わいました。とてもおいしかったです。羊の肉はやわらかく、地元の野菜もおいしかったです。お母さん、富良野の特産品玉ネギのスープを買いました。期待して、待っていてください。とてもおいしいんです！

次に、旭川《あさひかわ》市にある、〝旭山《あさひやま》動物園〟を訪れました。白クマやペンギンのお散歩で有名です。この時、気温は氷点下2度～3度とのことです。寒いですが、動物たちのうれしそうな表情に出会え、僕の心も温かくなりました。

その後、高速道路に乗り、冬の訪れを感じる北海道の大草原や白い山々を、心ゆくまで満喫しました。お天気が良いので、景色が本当に素晴らしかったです。空はどこまでも青く、空気は透き通るように新鮮、大地も真っ白！　本当に、きれいでした！〝自然は偉大な芸術家〟だと、つくづく感じました。そして今、札幌のホテルに到着しました。

今、お風呂に入り、夕食を終えたところです。ホテルのレストランは、きれいで、豪華、そして、おいしかったです！

部屋からは、札幌市内の夜景が広がっています。今日一日、太陽が輝き、みんなピカピカでした。お母さんは、元気ですか？　しっかり食事して、水分補給してくださいね。

今日、お母さんの健康と長生きを、山の神様にお祈りしました。

けんじ＋ミーちゃん

北海道デラックス周遊4日間の旅　第3日目
平成24年2月4日（土）　札幌にて

お母さんへ

朝5時に目が覚めました。すぐに大浴場へ行き、ゆったり、のんびり、入ってきました。朝のお風呂は格別ですね。とても良かったです！

朝食は7時から、豪華バイキングです！　いっぱい食べました、おいしかったです。

お母さんは、元気ですか？　しっかり食事をしましたか？　水分補給は忘れないでくださいね。

朝食後、太陽が強烈に輝き、傘をさして札幌《さっぽろ》市内の郵便局へ行きました（旅行2日目の手紙をだすために）。ところが歩いていると、急に、空が暗くなり、猛吹雪になり、傘をさしていても、まるで雪だるまのようになってしまいました。あっという間の出来事で、ミーちゃんも僕もびっくり！

手紙を出してからホテルに戻り、体を拭いて、着替えました。あんなにすごい雪は初めてです！

その後、お天気は回復し、再び太陽が顔を出しました。よかった！　そして札幌ホワイト・イルミネーション、雪祭りの会場も訪れました。とても大きく素晴らしかったです。まさに、雪の芸術です！

12時になったので、お昼を食べに、地元で評判のお店に行きました。すでに予約をしてあるので安心です。パンフレットにあるように〝ウニとお寿司の盛り合わせ〟、〝カニサラダ〟を食べました。とても贅沢でおいしかったです。パンフレットを見てくださいね。

それに、具沢山の味噌汁がついています。おいしかったです。そして、大満足です！

ミーちゃんも、美味しい、美味しい！　と言い、ニコニコの笑顔でした。

旅行3日目の今日これからの予定は、札幌《さっぽろ》を出発し、北海道の南へ進み、中山峠《とうげ》を越え、羊《よう》蹄山《ていざん》を観光します。次に、洞爺湖《とうやこ》を訪《おとず》れ、〝サイロ展望台〟から、雄大な山と湖の景色を、心ゆくまで満喫します。そして、洞爺湖温泉郷のホテルに泊まります。今日の夕食は、ホテルのパンフレットにあるように、この〝カニ会席料理のフルコース〟を味わいます。

今から楽しみです！

明日の旅行4日目は、昭和新山《しんざん》（現在も煙を上げる活火山《かっかざん》）へ行き、山麓《さんろく》を散策します。

そして、支笏湖《しこつこ》を訪れます。雪化粧をした山と湖の景色が、今から楽しみです。

お母さんは、元気ですか？　しっかり食事をして、お茶も飲んでくださいね！

今日も明日も、北海道の山の神様に、お母さんの健康と長生きを、いっぱいお祈りします！

けんじ＋ミーちゃん

お母さんへ

平成24年2月29日　東京より

今日、お母さんに笑顔で昼食を食べてもらい、うれしかったです。お母さんは、いつも、完食です！

その後、僕は新幹線に乗って、東京駅に14時44分、到着しました。

すぐに乗り換え、父親の介護施設へと急ぎ足で、午後3時20分に着きました。〝3時のおやつ〟に、なんとか間に合いました。大好きな、たい焼きを持っていったので、父は、とても喜んでくれました。そして、いつものように、顔と手と足を入念に拭きました、鼻や目や耳も、ひげ剃りもしました。また、話す練習もしました。とても良かったです！

夕方5時過ぎに、家に帰ってきました。

お母さんは、元気ですか？　しっかり食事して、水分補給も忘れないでくださいね。

新幹線に乗ると、いつも、思い出します！　お母さんと、3年前の3月、施設に面接に来た時のことを……。お母さんは覚えていますか？　寒い寒い3月12日、家からタクシーで山手線の駅へ行き、駅員さんが車椅子でお母さんをホームまで介助してくれました。その後も東京駅で、特別待合室に案内され、暖房のきいた特別室で、係の人と、新幹線の出発時刻までゆったりと時間を過ごしました。そして新幹線に乗り、美しい景色を見ながら、日光の名物弁当を食べました。

とてもおいしかったですね！

そして新幹線を降り、駅員さんがお母さんを車椅子に乗せ、駅の入口まで連れて来てくれました。そして施設へ行き、面接を受け、お母さんは、答えていました。笑顔で答えていました！

面接を終え、田村さんが、帰りの新幹線まで時間があるので、リハビリをされてはいかがですか？　とのこと。お母さんは、リハビリの部屋に入ると、満面の笑み！　でした。

白石さんが来てくれて、「足がむくんでいるので、むくみを取るリハビリをします」と言い、両脚を対処してくれました。お母さんは、「気持ち良い！」とニコニコでした。次に温熱パッドのリハビリをしました。お母さんは「気持ち良い、すごく良い！」と、最高の笑顔でした！

そして新幹線に乗り、東京へ帰ってきました。お母さんは、夕食のときも、ニコニコ顔でした。

それから1ヵ月後の4月、入所許可がおりました。そして、3年前の4月26日、新幹線に乗って、施設に来ました。お母さんは覚えていますか？


さて、僕は今、夕食を終え、リラックスした気持ちで、モーツァルトのクラリネット・コンチェルトを聴いています（クラリネット・コンチェルト以外の曲も、勿論、聴きますよ！　今度、お母さんに、モーツァルトのことを、話しますからね。楽しみにしていてくださいね）。明日3月1日は、ミーちゃんとデートです！

お母さん！　また書きますからね！　お土産を待っていてくださいね！

けんじ

平成24年3月1日　東京より

お母さんへ

お母さんは、元気ですか？　しっかり食事して、お茶も飲んでくださいね。

それに手を動かす練習もしてくださいね。

今日、3月1日（木）は、朝食後、ミーちゃんと一緒に、父親の介護施設へ行き、いつものように、顔と手と足を入念に拭きました。そして絵を描く練習をしました。体の調子も、とても良かったです。お父さんはミーちゃんを見ては、うれしそうな顔をしていました。

お父さんの昼食介助の後、施設を後に、ミーちゃんとお昼を食べに銀座へ行きました。

いつもは、フレンチ・レストランでフランス料理のフルコース、またはスペイン・レストランで、パエリアのコース料理、または北陸能登の海鮮料理を味わいますが、今日は、シーフード・レストランにしました。

このお店は、料理のグランプリを取った有名なお店です。静かで落ち着いた、大人のレストランです。まず、温かいコンソメジュレのカクテル、タスマニア産〝キャッツアイ〟の生牡蠣《なまがき》、オードブル4品盛り、柔らかツブ貝のアーモンドソテー、ニューカレドニア産〝天使の海老《えび》〟の絶品フライ、北海道産生ウニと帆立貝のミルフィーユ、本タラバガニのステーキ、デザートの盛り合わせ、コーヒーです。どれも、みんなおいしかったです！

本当に格調高く、豪華でした。ミーちゃんが、「今度は、お母さんと来たいわ！」と言っています。お母さん、いいですか？　ミーちゃんは、お母さんのことが、大好きです！

今日のお天気は、太陽が輝き、さわやかで、すがすがしいです。

その後、有楽町の交通会館で、新しいパスポートを受け取りました。そして、旅行会社で成田—パリの往復の航空券と、ユーレイルパスのチケットを買いました。

新しいパスポートを受け取ると、ミーちゃんは、花が咲いたかのように、笑みが、ピカピカに輝いていました。

その後、銀座・日本橋のブティックで、いつものようにお母さんのブラウスを探しましたが、今回も、気に入るのが見つかりませんでした。次回は、期待して待っていてくださいね。

明日、3月2日（金）は、ミーちゃんと等々力《とどろき》渓谷《けいこく》を散策します。

少しずつ春を感じる季節です。美しい渓谷と美しい花を観賞してきます。ミーちゃんが、お弁当を作ってくれるので、今から楽しみです。

3月4日（日）は、お母さんのプレゼントを、ミーちゃんと一緒に探します。

ところで、ミーちゃんは、先月より、お母さんの春用のセーターを、毎日一生懸命に編んでいます。「3月19日までには編み終え、お母さんに持って行きます！」と、ミーちゃんは張り切っていいます。お母さん、楽しみに待っていてくださいね！

けんじ

平成24年3月25日　東京より

お母さんへ

昨日、お母さんに笑顔で昼食を食べてもらい、うれしかったです。お母さんは、いつも、完食です！

その後、僕は新幹線に乗り、東京に帰ってきました。

東京駅は、たくさんの人で、混雑していました。きっと、週末の始まる土曜日だからかも知れませんね。すぐに乗り換えて、父親の介護施設へ行きました。

大好きな〝たい焼き〟を持っていきました。父は、いつものように「美味しい！　美味しい！」と言って食べてくれました。よかった！

食べ終え、口を拭き、顔と手と足を入念に拭きました、鼻や目や耳も、そして、ひげ剃りもしました。また、昔話や、近くの商店街についても、いっぱい話しました。

その後、僕は施設を後にし、家の近くの温泉銭湯に行き、夕方8時過ぎまで、ゆっくり、のんびり入浴してきました。とても気持ち良かったです！

お母さんは、元気ですか？

しっかり食事して、お茶も飲んでくださいね。

今日、3月25日（日）は、朝食後、ミーちゃんと一緒に父親の介護施設へ行き、いつものように、顔と手と足を入念に拭きました。そして、話す練習と絵を描く練習をしました。

お父さんは、優しい顔、うれしそうな顔をして、ミーちゃんを見ていました。

お父さんの昼食介助の後、僕とミーちゃんは、お昼を食べに銀座へ行きました。


銀座のいつものフレンチ・レストランで、フランス料理のフルコースを味わいました。

僕は肉のコース、ミーちゃんは魚のコースを味わいました。

オードブル3種、前菜、スープ、僕のメイン料理は牛ヒレ肉パリジャンソース、ミーちゃんはエビとカニ、香味香草バターガーリックソテー、季節のサラダ、フランスのカマンベールチーズ、アイスクリームとメロン、コーヒーです。メニュー表を見てくださいね。

飲み物はミーちゃんの好きな、南フランス、プロバンス産のロゼワインを、味わいました。どれも、みんなおいしかったです！

ミーちゃんが選んだ料理は、香り高く、本当に美味しそうでした。僕もエビとカニを選べばよかった！　そう考えていると、ミーちゃんが半分くれました。僕のヒレ肉も、ミーちゃんに半分、あげました。

ミーちゃんが、「今度は、お母さんと来たいわ！」と言っています。お母さん、いいですか？

ミーちゃんは、お母さんのことが、大好きです！

レストランでは、明日からのヨーロッパ旅行のことを話しながら、料理を味わいました。

ミーちゃんは、ずっとニコニコ、うれしそうな笑顔でいっぱいでした。

今日のお天気は、太陽が輝き、さわやかで、すがすがしいです。

その後、銀座と日本橋を散策しました。たくさんの人で、賑わっていましたよ。

そして、いつものように〝資生堂パーラー〟で、フルーツ・パフェを食べました。これもおいしかったです。

それに、銀座・日本橋の百貨店で、お母さんのブラウスを探しましたが、気に入るのが見つかりませんでした。スカーフも探しましたが、気に入るのがありませんでした。次回は、買うぞー！　期待して、待っていてくださいね。


今、家に帰ってきて、モーツァルトのクラリネット・コンチェルトを聴きながら、フランスのチーズとボルドーワインを味わっているところです。

そして、明日からの〝ヨーロッパ周遊《しゅうゆう》、1ヶ月、ファーストクラスの旅〟に、想《おも》いを廻《めぐ》らせています。フランスのパリを中心に、世界遺産《いさん》の〝モン・サン・ミッシェル〟、ヨーロッパ・アルプスの〝シャモニ・モンブラン〟、そしてオーストリアのチロル地方、首都ウイーンも観光します。また、スイスのユングフラウヨッホ、ドイツの中世都市めぐり、それに、イタリア、スペインも周遊するつもりです。

僕の人生の半分以上を過《すご》したフランス、そして、ヨーロッパ。大学2年の時フランス語夏期留学、その翌年のヨーロッパ旅行。卒業してからは、本格的にフランスの大学に留学、そして、フランスでの学生生活。毎日沢山《たくさん》勉強しました。試験勉強も沢山しました。また、研究論文《ろんぶん》も学術《がくじゅつ》論文も、経済学修士課程の論文も、いっぱい書きました。そして、旅行も、いっぱいしました。日本に帰ってきてからも、働きながら、勤めながら、フランス語を教えながら、毎年のように、フランス、そしてヨーロッパへ行っていました。

明日、朝ごはんを食べたら、成田空港へ行きます。そして第2の故郷、フランスへ飛びます。また、お母さんには、お土産《みやげ》をいっぱい買ってきます！　楽しみに待っていてくださいね！

けんじ

「お母さん、お元気ですか？　明日から、ケンちゃんと一緒にフランスへ行きます。お母さんに絵はがきを、いっぱい、いっぱい、書きますからね。楽しみに待っていてくださいね！」と、ミーちゃんが言っています。

平成24年6月17日　東京より

お母さんへ

昨日6月16日、お母さんに笑顔で昼食を食べてもらい、うれしかったです。お母さんは、いつも、完食です！

その後、僕は新幹線に乗って、東京に帰って来ました。

東京駅は、いつものように、たくさんの人で混雑していました。お土産店も、お弁当のお店も、買い物客でいっぱいでした。すぐに乗り換えて、父親の介護施設へ行きました。

〝3時のおやつ〟には、大好きな〝水ようかん〟を持っていきました。とても喜んでくれました。そして、いつものように目、鼻、耳、顔、手、足を入念に拭きました。ひげ剃りもしました。また、日記を書く練習と、話す練習をしました（昔話とお店について）。

夕方6時過ぎに、家に帰ってきました。

お母さんは、元気ですか？　しっかり食事をして、水分補給も、お願いします!!

今日、6月17日（日）は、ミーちゃんと、デートです。

東京の下町、浅草を、ゆっくり、のんびり、散策しました。

浅草の仲見世商店街を、心ゆくまで満喫しました。また、多くの人で賑わっていました。

11時30分になり、浅草のいつものお店で、牛肉のすき焼きを味わいました。とてもおいしかったです。このレストラン、店内が広く、リラックスでき、また、落ち着いた雰囲気で、おいしかったです！　サラダもシャキシャキ、ドレッシングとの相性もよく、美味しかったです。そうそう、コーヒーもおいしいんです。ミーちゃんが、そう言いました。その後、浅草周辺の商店街を、散策しました。色々なお店があり、楽しかったです。

夕食は、午後5時30分から浅草ビューホテルの27階のフレンチ・レストランで、フランス料理のフルコースを味わいました。去年の7月3日に食べた、あの美味しいレストランです。パンフレットを同封します。見てくださいね。〝このコース料理をいただきました！〟〝美味しかった！〟の、ひと言です。

本当に素晴らしい食事だった！

運ばれてくる料理に胸をわくわくさせ、料理の話をしたり、時には、テーブルの花を見たり、景色を楽しんだり、とても素晴らしい時間でした。

ミーちゃんが今日も言っています、「今度はお母さんと一緒に、ここで、食事がしたいわ！」と。

お母さんは、元気ですか？　しっかり食事して、お茶も飲んでくださいね！　また、右手や左手を、動かしてくださいね！　それに、プレゼントを楽しみに待っていてくださいね！

けんじ

平成24年6月20日　東京より

お母さんへ

今日は晴れ！　空は青く、本当に良いお天気です！　これからミーちゃんと〝富士山の旅〟に行ってきます！　ところで、お母さんは元気ですか？　しっかり食事して、お茶も飲んでくださいね。それに手を動かす練習もしてくださいね。

朝7時に大型観光バスは新宿を出発しました。

首都高速を走り、中央自動車道で山梨県の大月市を通り、河口湖インターチェンジで、高速道路を降りました。そして、河口湖ハーブフェスティバルを鑑賞しました。ラベンダーの花が、とてもきれいでした。

次に、富士スバルラインを通り、富士山5合目へと上がりました。今日は本当に良いお天気、景色は最高！　富士山もうれしそうな表情をしています。

東京は26度でムシムシしていますが、ここ富士山5合目はひんやりと涼しいです。お土産店の中では、ストーブをたいています。

早速、富士山神社で、〝お母さんが健康で、長生きできますように！〟と、いっぱいお祈りしてきました（富士山神社で〝長寿のお守り〟を買いました。お母さん、楽しみに待っていてくださいね！）。

その後、富士スバルラインを下り、山中湖、花の都公園に行きました。とても大きな庭園で、赤、白、ピンク、黄色、たくさんの花がとてもきれいでした。

お昼は、山中湖の〝温泉レストラン〟で、特選料理を味わい、そして富士山を眺めながら温泉に入りました。富士山は美しく、料理は最高においしかったです！

それから、〝鳴沢氷穴《なるさわひょうけつ》〟へ行き、地下水がつくる天然の氷柱《つらら》を見てきました。まさに氷の穴なので、神秘的で寒かったです。パンフレットを見てくださいね。

それから富士五湖をぐるりと周遊しました。どの湖からも富士山がきれいに見えました。

その後、南アルプス市の農園で、サクランボ狩りをしました。食べ放題なので、いっぱい食べました。ミーちゃんも、いっぱい食べました。すごくおいしかったです！

そして、〝富士御坂《みさか》道路を通り、山梨県一宮市《いちのみやし》にあるワイナリーを見学しました。試飲《しいん》もしました。おいしかったので甲州種のワインを2本買いました。

帰りは、一宮インターチェンジから中央高速道路に乗り、東京に帰ってきました。

今日一日、富士山が本当にきれいでした！　お昼の料理もおいしかったです！

それに、サクランボ狩り、食べ放題は、最高に良かったです。

お母さんには、富士山神社の〝長寿のお守り〟、富士山の絵はがき、富士山のマスコット、お土産《みやげ》いっぱい！　楽しみに待っていてくださいね！

けんじ＋ミーちゃん

平成24年7月7日（土）東京より

お母さんへ

昨日、お母さんに笑顔で昼食を食べてもらい、うれしかったです。お母さんは、いつも、完食です！

その後、僕は高速バスに乗って、東京に帰ってきました。新幹線もいいですが、高速バスも快適です。

お母さんは、元気ですか？　しっかり食事して、お茶も飲んでくださいね。それに手を動かす練習もしてくださいね。

今日7月7日（土）は、大好きな銀座を散策してきました。ミーちゃんも会社が休みなので、一緒に行きました。お昼は〝かに道楽〟銀座本店で、かに料理を味わいました。

とてもおいしかったですよ（ミーちゃんは、カニとエビ、魚介類が大好きです）。

その後、ジャジャジャジャジャーン！　日本橋の百貨店でお母さんのブラウスを買いました！　初夏を感じる、とてもきれいなブラウスですよ、楽しみに待っていてくださいね！

さて、僕は今、夕食を終えたところです。そして、明日のバス旅行〝初夏の箱根ゴールデン周遊〟に夢をめぐらせています。確か、2年前も、このツアーに参加しました。あの時は僕一人で参加しましたが、今回はミーちゃんと一緒です（父が元気な時は、毎年、父とこのツアーに参加していました。お母さん、覚えていますか？）。

明日、7月8日の日曜日、朝、7時50分に観光バスで新宿を出発し、9時半ごろに箱根湯本駅《ゆもとえき》へ。そこから箱根登山鉄道《はこねとざんてつどう》で、紫陽花《あじさい》の咲く美しい景色《けしき》を眺《なが》めながら、強羅駅《ごうらえき》へ。そこからケーブルカーで早雲山《そううんざん》へ。少し散策《さんさく》した後、早雲山からロープウェイで、山を幾《いく》つも越《こ》え、大涌谷《おおわくだに》まで空中散歩《くうちゅうさんぽ》を楽しみます（今からその景色が待ちどおしいです！）。大涌谷《おおわくだに》で、少し散策し、有名な温泉卵《おんせんたまご》を食べます。1つ食べると、7年、寿命《じゅみょう》が延《の》びる、と言われています。僕はいっぱい食べて、長生きがしたいです！

この温泉卵、もし、日持ちがするなら、5～6個買って、お母さんの所へ持っていきます。お母さん、期待して待っていてくださいね！

お昼は、リゾートホテルで、豪華なバイキングを味わいます。

その後、桃源台《とうげんだい》から元箱根《もとはこね》まで、芦ノ湖《あしのこ》を遊覧船《ゆうらんせん》で、ゆっくりと周遊します。

そして、箱根神社で参拝します。お母さんの健康と長生きを、いっぱいお祈りしてきます。それに、長寿のお守りを買ってきます。

お母さん、初夏を感じるきれいなブラウスと、箱根のお土産、楽しみに待っていてくださいね！　それに、温泉卵も？

けんじ＋ミーちゃん

平成24年8月1日　東京より

お母さんへ

昨日7月31日、お母さんに笑顔で昼食を食べてもらい、うれしかったです。お母さんは、いつも、完食です！

その後、僕は新幹線に乗り、東京に帰って来ました。

東京駅は、いつものように、たくさんの人で混雑していました。お土産店も、お弁当のお店も、買い物客でいっぱいでした。

すぐに乗り換えて、父親の介護施設へ。〝3時のおやつ〟には、大好きな〝水ようかん〟を持っていきました。とても喜んでくれました。そして、いつものように、顔と手と足を入念に拭きました、鼻や目や耳も、ひげ剃りもしました。また、日記を書く練習と、お店をやっていた時のことを、懐かしく話しました。父は、懐かしそうに、うなずいていました。

介護スタッフさんが、「これから夕食になります」と言うので、僕は施設を後に、家に帰ってきました。

お母さんは、元気ですか？　しっかり食事して、リハビリも忘れないでくださいね！

今日、8月1日（水）は、ミーちゃんと一緒に、東京の『新宿御苑《しんじゅくぎょえん》』を、心ゆくまで散策してきました。ミーちゃんと行くのは、今回で2回目です。

庭園も素敵でしたが、歴史的建物も、素晴らしかったです。

まず、新宿門の横にあるインフォメーションセンターで、パンフレットを入手し、園内の歩き方、回り方を決めました。また、季節の花情報もあり、とてもありがたかったです。そして、トイレの場所の確認をしました。これが一番大事！

イギリス風景式庭園、フランス式整形庭園、日本庭園が、とてもきれいで、素晴らしかったです！　それに、大きな温室もあり、びっくりしました！　中には池や滝があるんですよ。お母さんは新宿御苑に行ったこと、ありますか？　パンフレットを同封しますので、ゆっくり見てくださいね。

お昼は園内で、サンドイッチとカレーライスを食べました。

今日はお天気が良く、家族づれが多かったです。新宿御苑を、心ゆくまで満喫しました。

夕食はファミリーレストランで食べました。

エビサラダ、鶏のから揚げ、ほうれん草ソテー、ピザ、それにパエリア。

そうそう、ワインも飲みました。

お母さんは、元気ですか？　しっかり食事して、お茶も飲んでくださいね！

また、右手や左手を、動かしてくださいね！

僕とミーちゃんは、明日から、〝さわやか上高地と、信州・善光寺、２日間の旅〟に行ってきます。お母さんには、いっぱい、お土産を買ってきますからね。楽しみに待っていてくださいね！

けんじ＋ミーちゃん

さわやか上高地《かみこうち》と信州・善光寺《ぜんこうじ》　2日間の旅　第1日目

平成24年8月2日　東京にて

お母さんへ

お母さんは、元気ですか?　しっかり食事して、お茶も忘れずに飲んでくださいね。それに、右手も左手も、動かしてくださいね。

僕は、これから、1泊2日のバス旅行に行きます。山紫水明《さんしすいめい》な上高地《かみこうち》、善光寺《ぜんこうじ》、白根山《しらねさん》、霧《きり》が峰《みね》、そして、ビーナスラインの高原ドライブ、バスに乗って、景色を楽しんできます。

今日は朝から太陽が輝き、本当に良いお天気です。それでは、これから行ってきます。

新宿を7時50分に出発して、群馬県と長野県の県境にある白根山を訪れました。標高も高く、空気もさわやか、すがすがしい気持ちになりました。白根山の山麓を散策し、大きなエメラルド・グリーンの湯釜を見ました。そして、白根山の高原牛乳を味わいました。とても濃くて、おいしかったです。

そして、県境の峠を越え、長野県に入ってきました。志賀《しが》高原を周遊し、信州《しんしゅう》中野を通り、長野市にある国宝、善光寺を訪れました。多くの観光客で、にぎわっていました。そして、長野県の北アルプス、安曇野《あずみの》の白馬《はくば》温泉郷に、今、到着しました。部屋からの景色が素晴らしいです!　これから、温泉に入って、夕食です。とても楽しみです!

今、食べてきました。豪華、和食の会席料理で、どれも、みんな、おいしかったです！

そして、地元のワインを味わいながら、雄大な大自然の景色を、楽しんでいます。


8月3日（金）朝一番に、温泉に入ってきました。とても気持ち良かったです！　そして、ホテルの周辺を散策しました。山々がとてもきれい、そして、のどかで、さわやかでした。

朝食は、豪華バイキングで、お腹いっぱい、食べました！　おいしかったです。

バスはホテルを出発し、近くの〝わさび農園〟に立ち寄りました。水が清らかで、わさびが、いっぱい！　見ているだけで、目の保養になりました。

そして、霧が峰の高原ドライブを楽しみ、お昼は霧が峰のホテルで、バイキング料理を味わいました。その後、高山植物のお花畑を散策しました。

その後、とても有名な観光地〝上高地〟を訪れました。空気はピカピカに透き通っていて、今も雪が残った山々を見ながら、梓川沿いに散策しました。景色が本当にきれいでした。

そして、帰りの道では、地元の酒蔵を見学し、出来立てのお酒を、試飲しました。とても香り良く、おいしかったです。そして今、東京に帰ってきました。新宿中央郵便局にて…。

この2日、お天気に恵まれ、北アルプスと中央アルプスを、ぐるりと周遊してきました。山も川も、空気も、新鮮で、ピカピカでした！　本当に素晴らしい旅行でした！

お母さん、お土産を、いっぱい買いましたよ！　楽しみに待っていてくださいね！

けんじ＋ミーちゃん

お母さんへ

平成24年8月18日　東京より

昨日、お母さんに笑顔で昼食を食べてもらい、うれしかったです。お母さんは、いつも、完食です！

その後、僕は新幹線に乗り、東京に帰ってきました。すぐに父親の介護施設へ急行しました、大好きなお菓子を持って。父はとても喜んでくれました。そして、いつものように、目、鼻、耳、顔、手、足を入念に拭きました。ひげ剃りもしました。また、話す練習もしました。お絵描きもしました。夕方6時過ぎに、家に帰ってきました。

お母さんは、元気ですか？　しっかり食事をして、お茶も飲んでくださいね。

今日、8月18日㈯は、朝食後、ミーちゃんと一緒に父親の介護施設へ行きました。ミーちゃんが〝お父さん〟と言うと、父はにっこりしました。そしてミーちゃんのことばかり見ていました。きっと、うれしかったんですね。ミーちゃんはお母さんのことも大好きです。10日後に、お母さんに会いに行くと言っています。待っていてくださいね。

いつものように、父の顔と手と足を入念に拭きました。そして鼻や目や耳も、ひげ剃りもしました。また、新聞を読んだり、広告を見たりしました。体調も、とても良かったです！

僕とミーちゃんは、安心して、お昼を食べに銀座へ行きました。

銀座8丁目のいつもの〝北陸能登の海鮮レストラン〟で、お殿様御膳とお姫様御膳を味わいました。漆の2段の重箱に、海の幸・山の幸が盛りだくさん！　海鮮サラダもカニの味噌汁も美味しかったです。また、デザートの和菓子も美味しかったです。ここは完全個室なので、ミーちゃんと二人きりで、ゆっくり食事ができました。それに、個室での、おもてなしのお茶、食事時のお茶、食後のお茶、と、3種、みな異なり、仲居さんが、その都度、持ってきてくれます。また、木製のおひつに入った、炊きたてのご飯も美味しかった。

ミーちゃんは、また言っていますよ〜。

「今度は、お母さんと一緒に、ここで食事がしたいわ！」と。ミーちゃんは、お母さんのことが、大好きです！

今日のお天気は、太陽が輝き、さわやかで、すがすがしいです。

その後、銀座と日本橋を散策しました。たくさんの人で、賑わっていました。

そして今、家に帰ってきて、これからのことを思案しています。

明日19日の日曜日は、千葉県の房総《ぼうそう》半島周遊の旅。月曜日は上野《うえの》広小路亭《ひろこうじてい》で落語《らくご》と講談《こうだん》を楽しみます。火曜日は横浜を散策し、水曜日は古都・鎌倉を散策し、木曜日と金曜日は、天空の楽園、月山《がっさん》・鳥海山《ちょうかいさん》をめぐる旅に行ってきます。その自然と海と山、それに日本海のおいしい海の幸を、思う存分、味わってきます。ミーちゃんの、会社の一週間の休み、毎日旅行します。そして、落語と講談も今から楽しみです。

お母さんには、お土産をいっぱい買ってきます！　待っていてくださいね！

けんじ

著者プロフィール

おわん 太郎（おわん たろう）

東京都出身
ブルゴーニュ・ワイン知識向上実習 合格証書及び名誉証書取得
サン・テチエンヌ大学　フランス語フランス文明修了証書取得
ル・メーヌ大学　経済学修士号取得

著書
『カナダからやって来たお姫さま（上下巻）』（2019 年文芸社）
『愛のパラダイス（上下巻）』（2020 年文芸社）
『シャモニ、モンブラン、そして愛（上下巻）』（2020 年文芸社）
『神様からのプレゼントとぷいぷいぷい！（上下巻）』（2021 年文芸社）
『ある日、突然、認知症 !?』（2021 年文芸社）

母への手紙 上巻

2021年12月15日　初版第1刷発行

著　者　おわん 太郎
発行者　瓜谷 綱延
発行所　株式会社文芸社
〒160-0022　東京都新宿区新宿1－10－1
電話　03-5369-3060（代表）
03-5369-2299（販売）

印刷所　神谷印刷株式会社

ISBN978-4-286-23197-6